맛있는 역사, 인류의 식생활을 보다

국립제주박물관 문화총서 15

맛있는 역사,
인류의 식생활을 보다

인 쇄 일	2016년 4월 15일
발 행 일	2016년 4월 18일

기　　획	김상태 · 강지영
편　　저	국립제주박물관
	제주특별자치도 제주시 일주동로 17
	TEL. 064-720-8000

발 행 처	서경문화사
발 행 인	김선경
디 자 인	김윤희 · 김소라
	서울특별시 종로구 이화장길 70-14(105호)
	TEL. 02-743-8203　FAX. 02-743-8210
등록번호	제300-1994-41호

I S B N　　978-89-6062-183-1　　04380
ⓒ국립제주박물관, 2016

값　　　　13,000원

＊잘못된 책은 교환해 드립니다.
＊저자와의 협의하에 인지는 생략합니다.

맛있는 역사,
인류의 식생활을 보다

국립제주박물관 편

서경문화사

국립제주박물관 문화총서 제15권

『맛있는 역사, 인류의 식생활을 보다』에 부쳐

국립제주박물관은 제주 역사와 문화의 중심기관입니다. 개관 15주년이 되는 올해의 성인강좌『박물관아카데미』주제는 "맛있는 역사, 인류의 식생활을 보다"입니다. 사람은 살기 위하여 먹고 마십니다. 우리는 '맛있는 역사, 인류의 식생활을 보다'를 공부하며 음식과 식생활 문화가 어떻게 변하는지 알아보고 내일을 생각할 것입니다. 다른 때보다 맛난 주제인 듯합니다.

강의는 인류학·고고학·역사학·민속학·음식학 등 다양한 분야의 전문가가 참여합니다. 세부 주제는 선사인의 음식·저장법·일본 음식·발효 음식·제주 술과 음식, 조선시대의 외래 식품·뒷골목 풍경·왕실의 잔치음식·조리서·종가 제사 음식 등입니다. 과거·현재·미래로 이어질 음식과 식생활을 문화적 관점에서 살피고, 한국의 맛 기행도 떠납니다.

인류는 불과 그릇을 발명하여 식생활에 혁신을 일으키고, 좋은 먹을거리를 찾고 적절한 요리 방법을 개발하여 왔습니다. 인류의 오랜 경험은 먹을거리에 대한 지식을 축적하였고, 먹을거리를 늘려가고 있습니다. 사람들은 먹을거리가 안정적으로 확보되면 음식을 어떻게 요리하고 어떻게 먹을 것인가를 따집니다. 몸에 좋은지? 맛은 있는지? 누구랑 먹을 것인지? 상차림과 분위기에 신경을 쓰고 고민합니다. 더 멋진 식생활을 위해 애씁니다.

　식생활은 생존과 욕구 충족 이상의 문화적 행위입니다. 식생활은 지역 · 환경 · 집단 · 종교 · 관습 등에 따라 다르고 시대를 달리하며 변해갑니다. 음식이나 식재료도 같은 나라 안에서도 비슷하게 같은 듯 다르기도 합니다. 한 예로 김치와 된장은 한국인의 대표적인 먹을거리이지만 집집마다 그 맛이 다릅니다. 사람의 입맛이나 대대로 살아온 방식, 그리고 지역의 풍토가 다르기 때문일 겁니다.

　오래 전부터 전국적으로 '맛집'이 유행입니다. 요즘에는 방송마다 이른바 '먹방'으로 요란합니다. 그래도 어디 어머니가 차려주는 '집밥'만 하겠습니까? 모쪼록 이번 강좌가 음식과 식생활에 담긴 역사와 문화적 의미를 되새기는 기회가 되면 좋겠습니다. 더불어 몸에 좋은 음식 맛나게 지어 가족 · 이웃과 함께 나누시기를 바랍니다.

2016년 4월
국립제주박물관장
김 성 명

차 례

선사인들은
어떤 음식을
먹었을까

신숙정

(한강문화재연구원 원장)

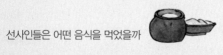
선사인들은 어떤 음식을 먹었을까

선사인들은 어떤 음식을 먹었을까

I.

이 제목은 얼핏 간단해 보이지만 여기에는 몇 종류의 지식이 함축되어 있다. 즉 "선사인"은 누구인가 하는 것과, 그들이 살았던 시기 -"선사시대"는 어떤 시대인지 알아야 한다. 그들의 먹을거리는 주변으로부터 얻었을 것이 자명한데, 그 주변이란 자연환경이다 보니 당시의 자연환경에 대해서도 알아보아야 한다. …선사시대에는 빙하기도 있고~…라고 일컬어지는 것으로 보아 당시의 환경은 지금과 많이 달랐을 것이다. 그러면, 자연환경으로부터 무엇을 선택해 먹었을까? 선사시대 사람들이 즐겨 먹었던 것으로 나타나는 짐승 가운데 "사슴"과 "멧돼지"가 있다. 어떻게 해서 이들을 먹을 수 있게 되었을까? 아마 사냥을 했을 것이다. 사냥은 어떻게 하나? 그 도구는 무엇이었나? 최종적으로, 이 같은 사실을 현대의 우리는 어떻게 알아내었을까?

이와 같이, 간단한 궁금증을 푸는 데에도 실제로는 매우 복잡한 지식이 요구됨을 보게 된다. 맨 마지막 질문에 대해서는 고고학(&인류학, 민족고고학)이 답변을 해준다고 할지라도, 선사시대의 자연환경을 알아내는 데에는 많은 지식이 지질학 · 고생물학 등의 자연과학으로부터 온다. 궁금증을 푸는 데는 여러 방면의 다양한 지식이 융합되어야 함도 알 수 있다.

Ⅱ.

1. 선사시대란 어떤 때인가?

선사시대는 문자가 발명되기 이전, 즉 문명이 형성되고 도시화가 진전되기 이전의 시대를 말한다. 세계사적으로는 구석기와 신석기시대를 말한다. 청동기시대에는 이미 문자가 발명되고, 청동기문명을 기반으로 하여 국가 단계로 들어간 곳이 많기 때문이다. 대표적으로 한문자(漢文字)와 중국의 상(商)문명, 상형문자와 이집트문명, 설형문자와 바빌로니아 문명 등을 꼽을 수 있다. 우리나라는 아직 청동기시대에 문자가 사용되었다는 증거가 없으므로 청동기시대까지를 선사시대로 다루고 있다.

그런데 청동기시대에는 쌀 및 잡곡류를 재배하였다는 증거가 많이 나오므로 -지금처럼 쌀을 주식으로 먹었을 것 같지는 않으나-, 여기에서는 무엇을 먹었는지에 대해 우리가 익숙하게 느끼지 않는, 궁금증이 생기는 시대 즉 구석기시대와 신석기시대에 대해 알아보자.

2. 선사인과 선사시대의 자연환경

구석기시대는 약 180만 년 전부터 시작된다. 구석기시대 사람들은 호모 에렉투스(곧선사람)라고 불리며 지구 곳곳에 퍼져 살았다.[1] 우리나라 구석기시대의 시작은 약 30만 년 전부터라고 볼 수 있으며[2] 이 무렵 곧선사람의 후손들이 한반도와 주변지역에서 활동했을 것이다.

구석기시대는 일반적으로 빙하시대라고 한다. 빙하시대는 춥기만 할까? 구석기시대에는 크게 4번의 빙하기가 있었다고 할 수 있는데, 구석기시대가 매우 긴 기간이다 보니 그 안에서도 기후의 변동이 많았다고 할 수 있다. 빙하기는 20~30만 년씩 지속되다가 기후가 따뜻해지는 간빙기라는 시기가 도래한다. 한편 빙하기가 길다보니 빙하기 내에서도 기후가 좀 따뜻해지는 시기가 생기는데, 이를 빙온기라고 한다. 이같이 구석기시대에는 춥고 더운 기후가 교차되는, 변화 많은 시기였다.

빙하기에는 지구의 양 극 지방과 중위도지방에서도 고도가 높은 곳을 중심으로 빙원(氷原)이 확대된다. 북미와 중국 북쪽 등은 빙원으로 뒤덮였고 몹시 추울 때에는 이 빙원이 확대되나, 우리나라는 빙하의 주변지역에 머물렀다. 이를 주빙하(周氷下 : periglacial) 기후라고 한다. 즉 빙하지역에 들어간 곳만큼 혹독한 추위는 없었을 것으로 여겨진다. 그러나 1930년대 발굴된 함북 종성 동관진유적에서 털코끼리(mammoth) 뼈가 나오며, 함남 화대 장덕리 뻘늪골의 토탄층에서 찾아진 꽃가루분석 결과를 보면 그곳의 기온이 현재 -5℃로서 지금의 흑룡강성 기후 비슷하다고 추정되는 것으로 보아 역시 상당한 추위가 있었다고 보아야 할

---

[1] 호모 에렉투스 이전에도 사람과(Hominidae)에 속하는 오스트랄로피테쿠스들이 아프리카를 중심으로 살았으나 구석기시대의 주인공은 아니다. 당연히, 여기서는 생략한다.
[2] 이것은 연구자에 따라 시각차가 크다. 30만 년 보다 훨씬 늦은 시기부터 시작된다고 보는 학자도 있으며, 북경주구점·금굴 등의 연대를 고려하여 우리나라의 구석기시대는 약 70만 년 전부터 시작된다고 보는 견해도 있긴 하다.

것이다.

우리나라 간빙기 동안의 기후는 현재보다 훨씬 따뜻하여 아열대 정도라고 보고 있다. 평남 상원 검은 모루 등에서 쌍코뿔이, 원숭이 뼈 등이 나오는 것으로 보아 추정하는 것이다. 구석기시대 사람들은 이렇게 춥고 더운 기후에 살아가는 짐승들을 잡아먹고 살아갔을 것이다.

마지막 빙하기가 물러갈 무렵부터 지구는 점차 온난해진다. 이때를 후빙기라고 하며 지금으로부터 11,700년 전부터 후빙기가 시작된다. 온난하고 비가 자주 내리면 토양은 느슨하게 풀어지고, 점차 빙하가 녹아 바닷물이 올라오면서 육지로 연결되어있던 지역들도 분리되어 갔을 것이다. 한반도와 제주도는 후빙기 이전부터 분리되기 시작하였고 이 기후에 적응한 신석기문화도 시작되었다. 기원전 6,000년 이후에는 지금보다 많이 따뜻해져서 약 2℃ 정도 더 높았을 것으로 추정된다. 이를 기후 극상기라고 부른다. 추운 기후에 적응한 동물들은 추운 기후를 찾아 더 북쪽으로 이동하고, 이 땅에는 따뜻해진 기후에 적응하는 동물들이 번성하게 되었을 것이다. 신석기인들은 이러한 동물들을 잡아먹고 살게 되었다.

기온은 약 5,000년 전 무렵부터 다시 내려갔다. 이후 우리나라의 청동기시대(대략 3,500년 전 무렵부터)는 전체로 저온기였다고 볼 수 있다. 철기시대에는 "소빙하기"로 부를 정도로 기온이 많이 내려갔는데, 이 무렵 북쪽에서 남쪽으로 주민들의 이동에 관한 자료(이주민 등)가 많은 것은 기후변화가 한 요인이 되었을 것이라는 견해가 있다(장호수, 2002).

Ⅲ.

1. 그들은 무엇을 먹었을까

1) 구석기시대

구석기시대는 빙하기와 간빙기라는 극단적인 기후가 있다 보니 추운 기후에 적응한 동물상(動物相)과 더운 기후에 적응한 동물상이 다르게 나타난다. 구석기시대의 연대와 환경, 이때 살았던 동물상을 대비해놓은 것이 〈표 1〉이다. 표에서는 후기 구석기시대의 동물상만 다루었는데, 이때는 대체로 추운 기후에 해당하며 건조하였다.

후기 구석기에 들어 날씨가 점차 추워지면서 쌍코뿔이는 사라지고, 춥고 건조한 기후에 잘 적응하는 털코끼리(mammoth) 등으로 대체되다가 15,000년 전 무렵부터 현대형 동물상이 등장한다고 보고 있다.

표 01 | 우리나라 후기 구석기시대의 환경과 동물상(한창균, 2011)

연대BP(Ka)	환경	동물상	석기
11	온난한 온대기후		
17~16	현재보다 서늘한 온대	현대형 동물상 등장	
24 (LGM11)	춥고 건조한 기후	털코끼리-털코뿔소 (한국 서북부)	좀돌날석기
30	기후 건조화		슴베찌르개
40	이전보다 춥고 비교적 건조한 온대	쌍코뿔이 절멸(?)	
52~43	따뜻한 온대에서 서늘한 온대		

구석기시대가 길다보니 기후가 변화무쌍하다는 언급은 앞에

서 하였다. 구석기시대의 더운 기후~추운 기후 동안에 살았던 각
각의 동물상을 그림표로 보여주는 것이 〈그림 1〉[3]이다. 더운 기
후에서는 옛코끼리, 넓적큰뿔사슴, 쌍코뿔이, 원숭이, 하이에나
등이, 추운 기후에서는 mammoth, 털코뿔이, 들소 등이 살았다.
온대기후에서는 여러 사슴류와 멧돼지, 호랑이, 사자, 표범, 곰 등
의 사나운 식육류 짐승들이 있었다.

　이러한 동물들을 사냥해서 잡아먹었을 것이다. 그런데 어떻게
사람보다 큰 동물들을 잡을 수 있었을까? 매우 위험한 일이었을
것이다. 아마 횃불 등으로 위협하면서 자연지형을 이용하여 낭떠
러지로 몰아가거나,[4] 덫이나 함정을 놓는 방법 등을 구사했을 것
이다. 구석기시대 초기일수록 사냥 보다는 그러한 방법들을 다양
하게 사용했을 것으로 여겨진다.

　석기 가운데에는 "여러 면 몸돌"이라고 불리는 다듬은 석영암
(주먹크기부터 그보다 훨씬 큰 것 까지 다양함)이 사냥돌로 여겨
지기도 했다. 중기 구석기시대 이후 점차 도구가 발달되는데, 사
람들은 창을 주로 활용하였다(방어이자 공격용). 후기 구석기시
대 이후 주로 화살을 사용하는데, 오늘날의 원주민들을 보면 여
기에 독을 묻혀 사용하는 만큼, 그런 방법도 생각해볼 수 있다.

　후기 구석기시대에는 작살 등의 도구가 나오는 것으로 보아
물고기 잡이도 생겨났을 터이다.

　구석기시대의 생업 중에 채집이 있다. 식물자원 채집은 안전

---

3) 조태섭, 2005, p.257 그림 52 전재함.
4) 캐나다의 Gull Lake 유적에서는 오랜 기간 낭떠러지 밑으로 들소들을 몰아
사냥했던 흔적이 발굴된 바 있다. 뼈들이 퇴적된 층은 모두 5개 층인데, 맨
마지막 층(A.D.1300년 경)에서만 약 900마리의 들소뼈가 찾아졌다(콜린 렌
프루 외 지음, 이희준 옮김, 2006, p.299). 제천 점말 유적에서는 매우 많은
사슴뼈가 출토되었는데, 이곳의 지형도 몰이사냥의 가능성을 제시한다.

더운 기후의 동물

옛코끼리 　 넓적큰뿔사슴 　 쌍코뿔이 　 하이에나 　 원숭이

온대기후의 동물

큰뿔사슴 　 말사슴 　 사슴 　 멧돼지 　 노루

호랑이 　 사자 　 표범 　 너구리 　 곰

서늘한 기후의 동물

첫소 　 말 　 들말 　 산양

추운 기후의 동물

털코끼리(맘모스) 　 털코뿔이 　 들소

하고 아무 도구도 필요 없다. 사냥이 위험하고 시간이 많이 소요되는 매우 어려운 생업이므로, 될수록 많은 식물자원을 채집해서 먹으려고 노력했을 것이다. 인류학 연구에 의하면 식량에서 식물 채집이 차지하는 비중이 거의 70%(또는 그 이상)라는 보고도 있다. 어떻든 구석기시대 사람들은 가능한 한 채집활동을 확장시켜 나갔을 것이다. 아마도 주변의 (동)식물에 대한 지식이 거의 박사급이었을 것이다. 어떤 식물의 열매나 뿌리 등을 채집했는지는 고고학적으로 잘 남지 않아 알기 어려우나 오늘날 원주민들의 생활로 보아 매우 다양하고 먹을거리의 범위도 넓었을 것임을 짐작할 수 있다.

2) 신석기시대

신석기시대에는 먹을거리 확보 방법이 매우 다양해진다. 사냥 채집 외에도 물고기 잡이와 농사짓기가 더해진 것이다.

신석기시대의 온난한 기후 아래 살아간 동물들은 매우 다양하다(〈표 2〉 참조). 산에서 뿐만 아니라 바다의 해수류, 새들도 잡았으니 사냥의 범위가 육·해·공으로 확대된 것이다. 화살이 가장 많이 활용되었다고 여겨진다. 심지어 물고기를 화살로 잡는 경우도 많은데, 제주 고산리유적에서 발굴된 화살촉의 용도를 그렇게 볼 수도 있을 것이다. 앞으로 쓴자국분석(use-wear analysis)이 이루어진다면 그 여부를 알게 될 것이다.

채집의 증거는 부족하나, 구석기시대 보다 훨씬 더 다양했을 것으로 여겨진다. 유적에서는 도토리와 가래 등이 자주 나오며 도토리는 전국의 신석기유적에서 나오는 만큼 주식의 하나였다. 늘 푸른 넓은 잎 나무들이 자생하는 제주도에서는 메밀잣밤나무속(Castanopsis)의 (모밀, 구실)잣밤도 떫지 않아 좋은 식용이었을 것이다.

표 02 | 남해안 신석기유적에서 출토된 동물화석

	유적	상노대도	동삼동	수가리	구평리	연대도	비봉리	여서도	세죽
등줄쥐	Apodemus agrarius	○							
집쥐(짧은꼬리집쥐)	Rattus norvegicus	○							
수달	Luta lutra	○	○			○			
오소리	Meles meles			○					
호랑이	Panthera tigris		○					○	○
큰곰	Ursus arctos		○	○				○	○
여우	Vulpes sp.	○							○
너구리	Nyctereutes procyonoides		○	○		○	○		○
개과	Canis sp. ind	○				○		○	
개	Canis familiaris		○	○		○	○		○
고양이	Felis sp.		○						
살쾡이	Prionailurus bengalensis			○					
물개	Callorhinus ursinus	○	○						
바다사자(남바다사자)	Zallohphus californicus	○				○			
바다사자	Zallophus labatus		○						
강치	Zalophus japonicus	○	○			○		○	○
멧돼지	Sus scrofa	○	○	○	○	○	○		○
고라니(복작노루)	Hydropotes inermis	○	○	○	○	○	○	○	○
노루	Cervus capreolus				○			○	
사슴	Cervus nippon			○	○	○	○	○	○
우수리사슴(꽃사슴)	Cervus nippon horyurolum	○		○		○			
대륙사슴	Cervus manchuricus	○	○						
적록	Cervus xanthopygus		○						
물소	Bubalus bubalus						○		
고래과	Cetaceae indet.	○	○	○				○	
수염고래	Balena cf. australis	○	○						
돌고래	Dalphinus dolphis	○	○	○		sp.indet		○	
바다거북과	Chelonidae			○					
바다거북	Chelonia mydas	○							
거북	Geoclemys reevesii		○						
개구리	Anura fam. indet			○					
새뼈					○	○			
참수리	Haliaeëtus pelagicus	○							

유적		상노대도	동삼동	수가리	구평리	연대도	비봉리	여서도	세죽
가마귀	Covus corone	○	○						
가마귀	Covus lvaillanti japonensis		○						
가마우지	Pralacrocorax carbo	○	○						

　　물고기 잡이는 신석기시대 먹을거리 활동 가운데 가장 강력한
것이다. 그 생업은 조개더미(貝塚)를 통해 가장 잘 알 수 있다. 조
개더미에서는 물고기와 조개류, 바다짐승 등의 뼈가 나오며, 서
해 · 동해 · 남해 바다에서 잡히는 어패류가 좀 다른 편이다(남해
안지역의 어류는 〈표 2〉 참조). 지금까지 찾아진 바로는 그 지역
에서 현재 먹는 것과 대동소이한 종류들이 나타난다. 제주도라면
현재 먹는 어패류의 대부분을 당시 신석기시대 사람들이 잡아먹
었을 것으로 볼 수 있다. 다만 더 온난한 종들도 많았을 듯 하다
(남해안 신석기 패총에서는 참돔과 홍합, 굴이 주종이다).

　　신석기시대의 농사짓기에 대해서는 최근 연구가 급격히 달라
지고 있다. 거의 최근까지도 신석기시대 중기(기원전 3500년 무
렵)가 되어서야 조와 기장 중심으로 농사를 지었을 것으로 여겨
지고 있었으나 〈표 3〉을 보면 상황은 많이 다르다.

표 03 | 신석기시대 재배작물 현황 (하인수, 2011&국립중앙박물관, 2015의 종합)

NO	유적 및 유구	종류	시기(연대)	비고
1	지탑리유적 2호주거지	조 혹은 피	전기후반	탄화물
2	마산리유적 7호주거지	조	전기후반	탄화물
3	남경유적 31호주거지	조	후기	탄화물
4	소정리유적 2지점 4호주거지	피(조?)	중기	탄화물
5	중산동유적	조	후기	탄화물
6	능곡동유적 19호주거지	조, 기장, 팥	중기 BC.3,640~3,510	탄화물
7	능곡동유적 15호주거지	기장	중기	탄화물
8	대부북동 주거지	조, 기장	중기	토기압흔
9	석교리유적 23호주거지	조, 기장	중기	탄화물

NO	유적 및 유구	종류	시기(연대)	비고
10	장재리 안강골유적(신도시 1지역) 6호 주거지 외부수혈	조	중기 BC.3,350~3,090	탄화물
11	장재리 안강골유적(장항선 3공구) 1호주거지	조, 기장	중기 BC.3,350~3,090	탄화물
12	대천리유적	조, 기장, 쌀, 보리, 밀	중기 BC.3,500~3,000	탄화물
13	비봉리유적 1피트 및 야외노지	조	전기, 중기 이후	탄화물
14	비봉리유적 패총 및 야외노지	조, 기장, 팥류	전기	압흔
15	어은1지구유적 6호 야외노지	조	후기 BC.2,860~2,460	탄화물
16	상촌리B유적 수혈 및 1호야외노지	조, 기장	후기 BC.2,870~2,470	탄화물
17	평거동3-1지구유적 2호주거지	조, 기장	후기 BC.2,480~2,350	탄화물
18	평거동3-1지구유적 28호수혈	조, 기장, 팥, 콩	중기후반 BC.3,010~2,900	탄화물
19	평거동3-1지구유적 13호토취장, C수혈	기장, 콩, 팥	중기후반 BC.3,010~2,910	탄화물
20	평거동3-1지구유적 13호토취장, B수혈	조, 기장, 콩	중기후반	탄화물
21	평거동3-1지구유적 13호토취장, A수혈	조, 기장, 콩, 팥	중기후반 BC.2,890~2,700	탄화물
22	대평리 어은1지구 야외노지	조, 기장, 콩류	4,030±100bp	
23	평거동4-1지구 주거지, 수혈, 야외노지	조, 기장, 밀, 콩속, 팥, 들깨	후기	
24	동삼동패총 1호주거지	조, 기장	중기전반 BC.3,500~3,100	탄화물
25	동삼동패총 융기문토기 1호주거지 퇴적층	기장	조기 BC.5,000년 전후	토기압흔
26	동삼동패총 영선동식 압날문토기(5-1층)	조	전기후반 BC.4,000년 전후	토기압흔
27	동삼동패총 1호주거지 수가리 1식토기	조, 기장, 들깨	중기전반 BC.3,000년 전후	토기압흔
28	동삼동패총 2호주거지 수가리 1식토기	기장	중기 후반	토기압흔
29	동삼동패총 4층	기장	후기	토기압흔

NO	유적 및 유구	종류	시기(연대)	비고
30	동삼동패총 교란층 이중구연토기	기장	말기 BC.2,000년 전후	토기압흔
31	동삼동패총 2층 무문양토기	기장	말기 BC.2,000년 전후	토기압흔
32	문암리 주거지, 야외노지	조, 기장, 밀, 콩속	중기	
33	오산리 주거지	팥	조기, 중기	토기압흔
34	송전리 주거지	조, 기장, 들깨	중기	점토덩어리, 압흔

〈표 3〉을 보면 신석기 조기~전기에 해당하는 동삼동유적에서 기장, 조 등이 찾아지며 오산리 등지에서도 신석기 이른 시기부터 재배작물이 찾아진다. 모두 물고기 잡이가 가장 우월할 바닷가이며 특히 한반도 중동부의 오산리유적에서 나온 팥 등은 예상 외 의 자료이다. 증거는 탄화된 실물 자료 등이 아니라 "토기압흔 분석" 등의 과학적 분석을 통해 얻어진 것이다.

2. 우리는 이것을 어떻게 알 수 있을까?

1) 고고학이 찾아내는 물질자료

신석기시대 사람들의 식생활을 가장 직접적으로 알려주는 자료는 발굴에서 찾아지는 동식물 유체들이다. 즉 맨눈(과 낮은 배율의 현미경)으로 확인되는 탄화된 씨앗·곡물·열매의 씨 등과 각종 동물·어류의 (화석화된) 뼈, 조개껍질 등이다. 이들을 자연유물(ecofacts)이라고 한다(표 2, 3 참조).

자연유물과 대비되는 개념으로 문화유물(artifacts)이 있다. 사냥이나 물고기 잡이, 농사짓기 등을 위해 당시 사람들이 만들어낸 작살, 화살촉, 낚시바늘, 뒤지개, 괭이, 보습 등 도구들이 여기에 해당된다.

이들만으로 구석기 신석기시대 사람들이 어떤 동식물을 얼마나, 어떤 방법으로 먹었는지 다 알아낼 수 있을까? 불가능하다. 그런데 오늘날은 micro의 세계, 과학의 시대이다. 고고학자들은 현미경[5]분석과 여러 가지 자연과학적 분석으로 눈을 돌렸다.

여러 가지 분석 가운데 몇 가지만 소개해보자(맨눈, 낮은 · 높은 배율의 현미경관찰 모두 포함함).

① 부상(flotation) 분석 : 발굴 중에 나온 토양시료를 -주로 화덕자리 근처 등의 것이 좋다- 물에 띄워 탄화된 씨앗을 검출, 동정(同定 : identification)하는 방법.

② 꽃가루(pollen) 분석 : 당시의 식생과 자연환경에 대한 가장 기본적이고 전통적인 분석 -먹을거리에 대한 정보도 얻는다.

③ 쓴자국분석(use-wear analysis) : 석기, 골각기 등을 사용할 때 생긴 흔적을 관찰하여 유물의 용도, 사용방법, 사용횟수 등을 파악하는 방법. 현미경 관찰 시 어떤 흔적이 어떤 물질을 가공할 때 생긴 것인지 확정하기 위해, 실험하여 생긴 흔적과 교차비교가 필요하다.

④ 전분분석 : 갈돌 · 갈판 등 grinding stones에 남아있는 찌꺼기를 현미경으로 분석함. 이 가운데 특히 전분의 종류를 현미경 상으로 확정하는 전분분석 등은 매우 빨리 발전하고 있다.[6]

⑤ 토기압흔분석 : 토기를 만들 때 점토 속에 들어간 씨앗, 곤충 등의 흔적이 토기 태토에 남아있는 것을 압흔이라고 함. 이 압

---

5) 현대 고고학에서는 현미경이 안 쓰이는 데가 없다. 결국 micro-archaeology 라는 용어, 분야가 출현하였다.

6) 이러한 연구들로 인해 신석기시대 이전, 후기 구석기시대부터 전분질과 낟알의 이용이 매우 활발했다는 사실을 밝혀내고 있다. 그리고 토기는 갱신세(Pleistocene-문화적으로는 후기 구석기시대)부터 만들어졌다는 주장의 확산과 더불어 신석기 연구가 매우 달라지고 있음을 보여준다. 이러한 논의의 한가운데 있는 것이 제주 고산리 유적(&강정동 등) 이다.

흔에 실리콘을 넣어 모양을 떠낸 것을 전자현미경으로 관찰하고 어떤 식(동)물인지 동정하는 법.

⑥ 탄소질소 안정동위원소 분석 : 토기 내외벽에 붙은 탄화물이나 사람의 뼈 등에 남아있는 물질들을 분석하여 이전 시기 사람들의 음식물과 영양상태 등을 추정하는 방법.

사람의 경우 일생동안 섭취한 음식물에 관한 정보는 뼈에 기록되며, 섭취한 자원 특유의 안정동위원소[7]가 남아있다. 이것이 뼈의 콜라겐(collagen)에 축적된 탄소, 질소안정동위원소이다. 그 비율은 시간이 가도 변하지 않는다. 이를 추적하여 한사람이 일생동안 섭취한 식료자원의 종류, 비중을 파악하는 방법이다.

탄소안정동위원소는 식물자원의 이용 양상 추정에 유리하다. 왜냐하면 식물에 따라 광합성 방식이 달라 탄소동위원소의 비율이 달라지기 때문이다. 여기에는 C3 식물군(질소고정식물)로서 콩, 팥, 벼, 보리, 밀, 견과류 등이 있고 C4 식물군으로서 조, 피, 기장, 수수 등이 있다.

질소안정동위원소분석에서는 일반적으로 그 지역 초식동물의 질소동위원소와 비슷한 값이면 식물성 단백질을 주로 이용한 것으로, 초식동물 보다 높은 값이면 동물성 단백질을 많이 섭취한 것으로 해석한다. 섭취한 동물에 따라 질소동위원소 값이 다르므로 어떤 동물을 먹었는지 대략의 추정이 가능하다.

선사시대 바닷가 사람들의 탄소질소안정동위원소 분석 결과

---

7) 동위원소란 원자의 핵 내에 있는 양성자의 수가 같아 성질은 같은데 중성자의 수가 달라 무게가 다른 원소를 말한다(e.g. 수소, 중수소…). 동위원소는 안정 / 불안정한 상태의 두가지가 있다 불안정한 상태의 동위원소는 방사선을 방출하면서 계속 안정된 상태로 변해가게 되는데, 이것을 방사성 동위원소라고 한다. 탄소의 방사성 동위원소(^{14}C)를 이용한 "방사성탄소 연대측정법"은 오늘날 고고학 연대측정의 근간이 된다.

남자들은 어류 등 해양성 단백질의 비중이 높게 나타나며, 집에 있는 여자들은 식물성 식료를 주로 섭취한 것으로, 성(性)과 역할에 따른 식료 편중 패턴이 나타나는 경우도 많다.

⑦ 잔존지방산 분석

동식물의 몸을 구성하는 주요 성분인 지방은 땅속에서 오랫동안 변하지 않고 남아있다. 지방 가운데 가장 많은 지방산의 구조는 그 형상에 따라 성질이 다르며 동식물의 조성이 서로 다르고, 동물에서도 종류에 따라 성분비가 다르므로 이것을 분석하여 동식물의 종(種)을 결정할 수 있다. 지방산은 열에 약해 300℃ 이상의 열에 노출된 경우 원래의 조성이 바뀌게 되거나 하는 등의 조심해야할 부분이 많다.

최근에는 한국에도 GCMS, GC-c-IRMS 등의 방법이 소개되었다. 진안 갈머리 유적 불땐자리의 토양시료를 분석하여 도토리 껍질이 확인된 바 있다.

그밖에 벼 등의 동정에 유용한 식물규산체 분석 등도 있다. 이러한 방법들은 서로 이어지거나 연관되는데, 즉 쓴자국-규산체-압흔-전분 분석 등은 일련의 연결과정이라고 할 수 있으며 탄소질소 안정동위원소-지방산분석 등은 화학분석의 범주에 넣을 수 있다. 모두 현미경 없이 실험분석을 수행하기 어려우니 현미경적 분석이라고 부를 수도 있다. 장차 각각의 분석들은 서로 유기적으로 이어지면서 더욱 많은 의미와 성과를 찾아내게 될 것이다.

2) 고고민족학(또는 인류학적) 관찰, 실험과 체험 / 유추

빙하기의 추운 기후 동안 사람들이 어떻게 자연에 적응하면서 살아갔을까에 대한 추정은 오늘날 북극지역에 살고 있는 소수민족(ethnic group)들의 생활을 생각해보면 이해하기 쉬워진다. 아열대 기후라면 역시 이 기후아래 살아가는 현재 소수민족들의 생활이 도움이 될 것이다. 또한 발굴에서 나온 문화유물 가운데 그 용도를 모르는 것이 종종 있다. 이러한 때 오늘날 소수민족들의 생활용품 가운데 유사한 것이 있으면 그 용도도 유사했을 것으로 추정하게 된다. 때로는 근·현대에 기록된 민족지 자료의 도움을 받기도 한다.

이같이 선사시대 사람들이 남겨놓은 물질이나 생활을 해석할 때, 고고학자들이 현대의 소수민족에 대한 민족지적 조사로서 관찰과 체험 등을 수행하는 것을 고고민족학이라고 한다. 해석하는 중에 유추(analogy : 類推) 하는데서 오는 위험도 기억해야 한다.

Ⅳ.

고고학은 역사학과 문화인류학 등의 지식이 필요한 한편 현대의 온갖 자연과학을 동원하는 종합과학이다. 고고학은 매우 흥미 있는 분야로서, 인간의 과거에 대해 점점 더 새로운 지식을 주는 동시에 우리의 오랜 편견과 선입견을 급격히 부수고 있다. 고고학의 이름 자체는 오래된 것을 추구하는 학문이라는 뜻이나, 급변하는 현대사회와 발맞추어 놀라운 속도로 변하고 있는 것이다. 지금부터 약 10년 후의 고고학은 더욱 놀라운 지식과 연구방법들을 우리에게 선물할 것이다. 그때의 강의는 지금과 많이 달라질 것이다.

::참고문헌::

강창화, 「제주 고산리 초기신석기문화의 형성과 전개」, 『남해안지역의 신석기문화』, 2008년 한국신석기학회 추계학술대회, 2008.

강창화, 「제주도 고고학 30년, 발굴조사와 그 성과」, 『제주고고』 창간호, 2014.

고광민, 『제주도의 생산기술과 민속』, 대원사, 2004.

고광민 편, 『어구』, 제주대학교 개교 50주년 기념 기획전, 제주대학교 박물관, 2002.

국립중앙박물관, 『신석기인, 새로운 환경에 적응하다』, 2015년 국립중앙박물관 특별전시 도록, 2015.

국립제주박물관, 『섬, 흙, 기억의 고리 –지난 10년간의 발굴기록』, 한국 박물관 개관 100주년 기념도록, 2009.

국립제주박물관, 『서귀포 생수궤유적』, 2012.

김민구, 「탄화곡물 검출과 분석방법」, 『2011 매장문화재 전문교육 : 유적조사와 고환경분석』, 한국문화재조사연구기관협회, 2011.

김주용, 「제4기의 환경과 기후변화」, 『환경고고학의 이해(I)』, 충청문화재연구원, 2010.

류춘길, 「고생물학적 분석을 통한 신석기시대의 환경」, 『2012년도 매장문화재 전문교육』, 국립문화재연구소, 2012.

박구병·이원우, 『고기잡이』 전통과학시리즈, 보림, 1998.

박근태, 「제주 강정동유적」, 『남해안지역의 신석기문화』, 2008년 한국신석기학회 추계술대회, 2008.

박근태, 「후기구석기시대 point형 석기 검토를 통한 석촉 출현과의 연관성 고찰」, 『제주고고』 창간호, 2014.

박용안·공우석, 『한국의 제4기 환경』, 서울대학교 출판부, 2001.

신숙정, 『우리나라 남해안지방의 신석기문화 연구』, 학연문화사, 1994.

신숙정, 「환동해지역 신석기시대의 문화와 사회교류」, 『한국신석기연구』 14, 2007.

신숙정, 「중서부지역 신석기문화 연구의 성과와 전망」, 『한국신석기연구』 15, 2007.

신숙정, 「신석기시대 연구의 성과와 전망」, 『한국 신석기문화 개론』, 중앙문화재

연구원 편, 2011.

신숙정, 「최근 발굴된 신석기유적의 성과」, 『한국고고학저널』, 국립문화재연구소, 2012.

양나래, 「제주도 패총 출토 어패류에 관한 소고」, 『제주고고』 창간호, 2014.

장호수, 「제3편 신석기시대의 전개와 발전 : 자연환경」, 『경기도사 제1권 선사시대』, 경기도사편찬위원회, 2002.

이기길, 「제주도에서 보고된 좀돌날석기의 연구 –제작기법과 연관된 형태와 크기를 중심으로」, 『한국구석기학보』 32, 2015.

이희근, 『고고학으로 만나는 구석기사람들』, 평사리, 2015.

장용준, 『한국 후기구석기의 제작기법과 편년연구』, 학연문화사, 2007.

제주문화유산연구원, 『제주 고산리 유적』(1874-16번지), 제주 신창–대정간 도로건설공사구간내 문화재 발굴조사 보고서, 2012.

제주문화유산연구원 · 제주특별자치도 제주시, 『제주 고산리 유적』, 국가사적 제412호 제주 고산리유적 문화재 발굴조사 보고서, 2014.

조미순, 「중부동해안지역의 신석기시대 식물자원 이용」, 『동아시아 선사시대 식물자원에 대한 다각적 접근』, 2014 국립문화재연구소 국제학술심포지엄, 2014.

조태섭, 『화석환경학과 한국 구석기시대의 동물화석』, 혜안출판사, 2005.

조태섭, 「우리나라 제4기의 동물상의 변화」, 『한국구석기학보』 17, 2008.

조태섭, 「동물고고학의 이해」, 『유적조사와 고환경분석』, 한국문화재조사연구기관협회, 2011.

최기룡, 「한반도 후빙기의 식생 및 기후변천사」, 『한국 신석기시대의 환경과 생업』, 동국대학교 매장문화재 연구소, 2002.

콜린 렌프류 · 폴 반 지음, 이희준 옮김, 『현대 고고학의 이해』, 사회평론, 2006.

하인수, 「동삼동패총 즐문토기 압흔분석과 곡물」, 『신석기시대 패총문화』, 2011년 한국신석기학회 학술대회 발표요지, 2011.

한강문화재연구원 펴냄, 「한국 선사 · 고대의 골각기」, 한강문화재연구원 자료총서 1, 2014.

한창균, 「환경고고학이란 무엇인가」, 『2유적조사와 고환경분석』, 한국문화재조사연구기관협회, 2011.

Li Liu et al., "Paleolithic human exploitation of plant foods during the last glacial maximum in North China," *PNAS* vol 110 no.14. 2013.

Li Liu, "A long process towards agriculture in the middle yellow river valley, China : Evidence from macro-botanical remains," *Journal of Indo-Pacific Archaeology* 35 : 3-14. 2015.

Shin, Sook Chung, "Newly excavated materials of the Neolithic Age," *Journal of Korean Archaeology* 2005-2010, 2012.

小畑弘己, 「동삼동패총 · 비봉리유적 출토 기장 · 조 압흔의 동정과 그 기준」, 『한국신석기연구』 25, 2013.

저장법과
아시아
음식문화

주영하
(한국학중앙연구원 한국학대학원 교수)

저장법과 아시아 음식문화

저장법과 아시아 음식문화

I. 소금, 음식의 저장에 쓰이다

인간은 소금을 섭취하지 않으면 생명을 유지하지 못한다. 이러한 사실이 꼭 인간에게만 해당되는 것은 아니다. 잡식성 동물에게도 소금은 매우 중요한 필수품이다. 중국 쓰촨성(四川省) 량산(凉山)의 롤로(Lolo) 족은 가축을 방목할 때 사람들로 하여금 꼭 정해진 장소에 오줌을 누도록 하는 습관이 있다. 그들은 해가지고 가축을 데리고 집으로 돌아갈 때 언제나 오줌을 누었던 곳을 들려 가축들로 하여금 풀을 뜯도록 한다. 그곳에는 사람들이 오줌을 누어 생긴 앙금이 풀에 묻어 있고, 가축들이 자연 그 풀을 먹음으로써 앙금에 붙어 있는 소금을 섭취하는 효과를 보았다. 가축들은 그들이 야생이었을 때 알고 있었던 소금 섭취 방법을 이미 잊어버렸기 때문에 사람들이 이와 같은 방법을 써서 소금 섭취를 돕는 것이다. 그런데 실제로 사자나 표범과 같은 야생동물이 다른 동물을 잡아먹는 장면을 보면 그들은 가장 먼저 내장을 먹는다. 내장이나 골[髓] 그리고 피에는 많은 양의 무기질과 비타민이 함유되어 있기 때문에 이를 먹음으로써 별도로 소금을 섭취할 필요성이 줄어든다.

소금은 실제로 여러 가지의 복합물들로 구성되어 있다. 그 중에서 짠맛을 내는 기능을 하는 주성분은 염화나트륨(sodium chloride)이라는 물질이다. 염화나트륨은 인간의 몸속에서 땀을 통한 수분의 균형을 이루게 하는 데 중요한 역할을 하며, 동시에 몸 전체에 퍼져 있는 신경계가 활발하게 활동할 수 있도록 산도(acid)를 적절하게 유지시켜 주는 데 필수적인 화학물질로 알려진다. 특히 그 중의 '소디움(sodium)'은 주로 혈액의 압력과 양의 유지, 근육세포에 출입하는 물의 조정, 탄수화물과 단백질의 신진대사, 신경박동을 전달하는 구실을 하고, '크로라이드(chloride)'는 혈액의 산도(acid) 유지와 근육조직의 삼투현상 및 효소활동의 진작 그리고 음식 소화에 필수적인 염산의 형성에 필요한 것이다.

이렇듯이 '소디움'의 섭취는 인간을 포함하는 포유류 동물의 혈액 순환과 소화에 필수적이라고 할 수 있다. 그런데 '소디움'은 꼭 소금에만 함유되어 있는 것은 아니다. 지구의 표면에 있는 물질 중에서 전체의 2.8%나 구성되어 있을 정도로 지구상에서 풍부한 것이 '소디움'이다. 예를 들어 음식물 중에서 조개·새우·굴·달걀·장어·닭·돼지·양·도미·쇠고기·토끼·대구에 '소디움'이 많이 들어 있을 뿐만 아니라, 시금치와 당근 심지어 각종 과일에도 들어 있다. 그러나 주로 생선과 육류 그리고 시금치와 당근에 '소디움'이 비교적 많이 들어 있는 데 비해, 쌀·콩·밤·감자나 배추·호박·수박·사과·배 등의 식물에는 그 양이 매우 적다. 즉 육류와 생선을 주로 먹는 사람이나 동물은 굳이 바닷물을 정제하여 소금을 만들지 않더라도 생리적인 문제를 일으키지 않았을 가능성이 많다. '소디움'으로 대표되는 소금의 섭취는 곡물을 주로 먹는 사람들에게는 심각한 문제가 된다.

일찍이 중국 서한(西漢 : 기원전 206~기원후 9년) 때 살았던 환관(桓寬)은 12권에 이르는『염철론(鹽鐵論)』이란 책을 펴내 그 시대 소금의 중요성을 알려준다. 쌀과 밀을 주식으로 먹었던 당시 중국 사람들에게 안정된 소금의 섭취는 매우 중요했을 것이다. 유럽에서도 마찬가지였던지 소금을 뜻하는 '솔트(salt)'라는 말은 라틴어의 '샐러리움(salarium)'에서 유래되었다. '샐러리움(salarium)'은 원래 군인들의 봉급이란 뜻인데 아마도 당시 군인들의 봉급으로 소금이 지급되었던 모양이다. 그들 역시 밀농사에 의지하여 주식으로 빵을 먹었으니 소금을 원활히 섭취한다는 것은 매우 중요했으며 이로 인해 소금이 봉급으로 지급되기까지 했다.

그런데 바다를 가까이 둔 해안에 살던 사람들은 바닷물을 정제해서 소금을 별도로 만들지 않고 그냥 소금물을 먹으면 '소디움' 섭취 문제를 해결할 수 있지 않을까? 그러나 바닷물을 그대로 마시면 염화마그네슘 등의 성분 때문에 설사를 하게 되며 마그네슘의 중독으로 인해 피부염이나 몸속의 조직까지 해치게 된다. 바닷물을 그냥 마실 수는 없고 해초나 건어물을 통해 '소디움'을 섭취하는 데도 그 양이 부족해서 소금 자체와 함께 간장과 짠지가 만들어졌을 가능성이 많다.

음식물 형태로서의 소금의 존재는 농업경제의 출현과 밀접한 관련을 가지고 있다. 농업생산보다 수렵에만 의존하던 구석기시대 사람들은 적어도 소금이라는 결정체가 아니더라도 수렵으로 얻은 생선과 동물의 고기에 포함된 염화나트륨과 '소디움' 복합물을 섭취하여 소금 부족으로 인해 생길지 모를 생리적인 문제를 해결했을 가능성이 많다. 그러나 인구의 급증에 따라 농업기술이 생겨나고 이로 인해 그 이전에 비해 상대적으로 곡물과 채소를 많이 먹게 되면서 사람들은 '소디움' 결핍증을 경험하기 시작했을 것이다. 특히 채소를 많이 먹으면 자연히 칼륨(K) 섭취가 증가하여 사람들은 더욱 많은 염화나트륨을 요구하게 된다. 이 때문에 결국 바닷물을 정제하여 소금 만드는 기술이 생겨났을 것으로 여겨진다. 곧 농업의 시작은 동시에 소금 제작 기술 탄생으로 이어졌다.

　　그런데 소금이 필요했던 사람들은 어떻게 소금을 만들었을까? 일반적으로 천연 소금은 바닷물이나 짠물을 증발시켜 만드는 법과 내륙에 존재하는 소금호수에 쌓인 퇴적물을 수집하는 방법, 그리고 소금 덩어리가 바위처럼 형성된 암염(巖鹽)을 채취하는 방법 등을 이용해서 생산된다. 그런데 한반도에는 소금호수나 암염이 존재하지 않기 때문에 예나 지금이나 천연 소금을 만들기 위해서 바닷물을 증발시키는 방법만을 채용해온다.

　　조선시대에 행해진 제염법은 대체로 동해안과 서해안이 달랐다. 동해안은 개펄이 거의 없기 때문에 사람이 직접 바닷물을 퍼서 내륙에 마련된 염전에 붓고 이것을 태양 빛에 노출시켜 놓으면 자연스럽게 농도가 짙은 소금물이 만들어진다. 이것을 철로 만든 솥에 다시 붓고 끓여 소금 덩어리로 만들었다. 서해안에서는 개펄과 간만의 차를 이용하여 진흙으로 염전 바닥을 만들고 두렁을 형성시켜 물이 들어온 후 다시 빠져나가지 못하도록 한다. 여름철 일조량이 많을 때 이삼 일이면 농도가 매우 짙은 소금물이 염전에 형성된다. 이것을 모아 염정(鹽井)에 붓는다. 이런 식으로 많은 양의 농도가 짙은 소금물을 만든 후 다시 가마솥에 끓여 소금을 만든다. 동해안에 비해 서해안은 바닷물 모으기가 수월해서 그만큼 소금 생산이 많았다.

　　Ⅱ. 발효음식은 저장법에서 나왔다.

　　1970년대만 해도 강원도 해안 마을에서는 김장을 할 때 바닷물 자체를 이용하기도 했다. 즉 배추를 통째로 바닷가에 들고 가서 그 자리에서 절이는 것이다. 일본에서도 그들의 김치인 '즈케모노[漬物]'를 만들 때 바다로 채소를 들고 가서 절이는 방법을 사용하는 곳이 아직도 있다. 채소를 절인다는 것은 소금 즉 염화나트륨(NaCl)의 짠 성분이 채소 내의 수분과 삼투압 작용을 해서 생겨나는 것이다. 김치를 담글 때 가장 적당한 소금의 농도는 3~6%로 알려진다. 일반적으로 한반도의 서해안은 중국의 황해와 양자강 영향으로 염도가 30~33%, 이에 비해 동해안은 34%의 염도를 보인다. 바닷물에 채소를 그냥 절이면 비록 색깔과 맛은 좋지 않으나 염분의 섭취는 이를 통해 충분히 이루어질 수 있다.

요즈음 사람들은 '김치'하면 배추김치를 생각하지만 실제로 백 년 전까지만 해도 김치의 주재료는 무였다. 무짠지는 김치 중에서 가장 오래된 형태라 할 수 있다. 무짠지를 담글 때의 소금 농도는 일반 배추김치와 달리 약 20%이다. 하루에 무짠지 100g을 섭취한다면 염화나트륨 섭취는 20g을 먹는 것과 같은 효과가 있다. 이것은 탄수화물을 주식으로 하는 사람이 하루에 섭취해야 해야 하는 최소한의 소금 양인 10g을 훨씬 넘는 것으로 곡물 위주의 식생활에서 무짠지는 필수적인 것이다. 그래서 이규보(李奎報 : 1168~1241)는 그의 책『동국이상국집(東國李相國集)』에서 "무를 소금에 절이면 겨울 9개월을 능히 견딜 수 있다"고 적었던 것이다.

생선을 소금에 절여 만든 젓갈 역시 소금을 별도로 만들지 않고 바닷물 자체에 담가 두어서 만들 수 있다. 즉 맛에서는 차이가 많이 나겠지만 소금 대신 바닷물 자체를 사용해도 젓갈을 충분히 만들 수 있다. 쌀을 주식으로 먹는 동남아시아에서는 생선을 소금에 절인 어장(魚醬)이 그들의 식생활에서 빠지지 않고 쓰인다. 예를 들어 캄보디아의 대표적인 음식으로 '쁘라혹'을 들 수 있다.

캄보디아인들은 보통 쌀밥을 먹을 때 이 쁘라혹을 밥에 비벼서 먹는다. 이것은 장밋빛 나는 빽빽한 장(醬)으로 지독한 비린내를 풍긴다. 쁘라혹을 만들 때는 보통 열대여섯 종류의 생선을 원료로 하는데 먼저 생선대가리를 잘라내고 그 몸통부분을 나무통에 넣고 빻아 죽같이 으깬 후 24시간 동안 묵힌 다음 10%의 소금을 넣고 비빈 후 이것을 다시 24시간 동안 돗자리 위에 펼쳐서 말린다. 그 후 이것을 반죽하여 항아리에 담아 햇볕에는 뚜껑을 열어두고 저녁에는 닫고 하여 약 한 달 동안 발효시킨다. 그러면 항아리 위에서부터 점차 액체가 생기고 이것을 따로 떠내 생선간장인 '뜩뜨라이'로 사용한다. 베트남인들은 이 생선간장을 '느억맘'이라 부르는데 캄보디아 것과의 차이는 바닷고기를 사용한다는 것 외에 그 먹는 법이 똑같다. 쁘라혹은 쌀밥과 채소를 주로 먹는 캄보디아인들에게 비타민과 단백질, 그리고 염화나트륨의 중요한 공급원이 된다.

사실 이 '뜩뜨라이'는 한반도의 멸치액젓과 닮았다. 멸치를 잡아 소금 농도를 20% 정도로 하여 절인 후 1년이 지나면 멸치 속에 있던 단백질이 소금에 의해 분해된다. 얼마를 지나면 항아리의 위쪽에 액체가 떠오른다. 이것을 퍼내서 솥에 붓고 달이면 멸치액젓이 된다. 이 멸치액젓은 단백질이 분해되면서 생긴 단백질 효소로 인해 짜면서도 동시에 단맛을 지니고 있다. 이것을 김치 양념으로 쓰면 맛이 좋아진다는 것은 이미 널리 알려진 사실이다. 새우액젓은 단백질 효소의 맛이 멸치젓에 비해 적기 때문에 국의 간을 담백하게 하는데 많이 쓰인다. 곧 소금은 젓갈이 발효되는 데도 절대적인 영향을 미치는 매개물이다. 마그네슘을 제거한 소금에는 쓴맛이 줄어들지만 바닷물 그 자체로도 젓갈을 만들 수 있으며 이를 통해 짠맛을 보충하거나 다른 음식의 간을 맞추는 일을 충분히 할 수 있다.

생선을 소금에 절인 것이 젓갈이라면 고대 중국에서는 육고기를 소금에 절인 것을 '장(醬)'이라 불렀다. 공자가 살았던 춘추

시대(기원전 770~404년경)만 해도 '쟝'이란 각종 동물의 고기와 알을 소금에 절인 것을 일컬었다. 『주례(周禮)·내칙(內則)』을 보면 주나라의 왕이 연회를 베풀면 '쟝'이 백 이십 항아리나 준비되었다고 하니, 그 시대 사람들이 얼마나 이 '쟝'을 즐겨 먹었으며 동시에 고급음식으로 여겼는지를 알 수 있다. 공자마저도 "'쟝'이 없으면 밥을 먹지 않았다"는 말이 전해진다.

당시 중국의 '쟝'은 오늘날의 시각에서 말한다면 '육장(肉醬)'이라 할 수 있다. 당시 중국의 중원에는 암염과 소금호수에서 퇴적된 소금이 많이 분포하고 있었기 때문에 굳이 바닷물이나 바닷물에서 정제한 소금에 기대지 않아도 되었다. 콩[大豆]으로 만든 '장(醬)'은 공자가 살았던 시기보다 훨씬 후대인 한나라(기원전 206~기원후 220년)에 들어와서 비로소 등장한다. 이때 사람들은 두장(豆醬)뿐 아니라 소금에 절인 채소류까지 모두 망라해서 '쟝'이라 불렀다. 동한(東漢: 25~220년) 말에 '응소(應劭)'가 펴낸 『풍속통의(風俗通義)』라는 책에는 "장(醬)은 소금으로 만들어지고 그 짜기가 소금보다 더하다"라는 문장이 있다. 이 말은 소금을 그냥 그대로 먹기보다는 장(醬)으로 만들어 먹는 것이 훨씬 입맛에도 좋고 짠맛을 내는 데도 소금보다 뛰어났다는 것을 뜻한다.

Ⅲ. 일본의 즈케모노

일본인들은 밥을 먹을 때 '즈케모노[漬物]'를 필요로 한다. 일본에는 예전부터 "아무 것도 없으나 향(香)이 있는 것"이라는 말이 있다. 여기서 향(香)이라는 것은 일본식 된장인 '미소(味噌)'를 가리킨다. 즉 향이 있는 것은 쌀을 주원료로 하여 만든 미소에 절인 즈케모노를 가리킨다. 이것을 간단하게 줄여서 '미소즈

케(みそ漬け)'라 부른다. 무·가지·오이 등이 미소즈케의 주재
료로 많이 쓰인다. 이 미소즈케는 가을부터 겨울에 밥을 먹을 때
반찬으로 적격이다. 또 청주를 만들고 남은 술지게미로 만드는
'카수즈케(粕漬け)'라는 것도 있다. 이것도 무·가지·오이 등
을 주재료로 쓴다. 쌀겨와 소금의 혼합물로 채소를 절이는 '누카
즈케(ぬか漬け)'라는 것도 있다. 이것은 봄과 여름에 먹기에 좋
다. 봄·여름에 먹는 다른 즈케모노로는 '아마주즈케(甘酢漬け)'
라는 것도 있다. 초밥을 먹을 때 나오는 '락쿄우즈케(らっきょう
漬け)'는 그 한 종류이다. 백합과에 속하는 '염교'라는 것을 단맛
이 나는 식초에 절여 만든다. 말린 매실을 소금에 절인 것과 소금
에 절인 붉은 차조기 잎을 함께 다시 절여 만드는 '우메보시(梅干
し)'라는 것도 있다.

이렇듯 일본의 김치인 즈케모노는 모든 채소 혹은 말린 꽃잎
까지도 소금이나 식초, 심지어 술지게미와 된장 등에 절여서 만
든다. 따라서 일본의 즈케모노는 삼투압의 매개물이 다양하면서
주재료로 쓰이는 것도 다양하다는 특징을 지닌다.

이에 비해 한국의 김치는 삼투압의 매개물로 소금이 가장 으
뜸이다. 비록 간장·된장·식초에 절이는 짠지가 없는 것은 아니
지만 그 주재료로는 단지 무나 오이가 쓰이는 정도에 지나지 않
는다. 이에 비해 소금에 절이는 김치는 그것에 색다른 양념을 한
다는 것이 특징이다. 배추김치만 생각해도 소금에 절인 후 그것
을 양념할 때 넣는 재료는 많게는 열 가지가 넘는다. 깍두기나 오
이소박이, 그리고 보쌈김치도 모두 양념이 풍부하다. 특히 마늘
즙과 생강즙, 그리고 고춧가루와 젓갈은 한국의 김치를 색다른
경지로 이끈다. 더욱이 단지 물과 소금만으로 절여 국물과 함께
먹는 동치미는 무 속에서 나오는 '디아스타제'라는 효소로 인해
소화를 더욱 원활하게 해준다.

그런데 한국의 김치가 이렇게 화려한 변신을 한 때는 묘하게
도 쌀이 그 전에 비해 많이 생산된 18세기에 들어와서이다. 쌀밥
을 자주 먹으면서 김치가 짠지에서 양념김치로 변모했다. 일본도
비슷한 과정을 거친다. 쌀이 상품으로 격상되어 고급화가 이루어
진 에도시대 중기인 18세기에 들어와서 즈케모노는 더욱 다양해
진다. 즉 채소를 저장하는 단순한 형태에서 기호성이 들어간 다
양한 종류와 맛의 즈케모노가 생겨났다. 이처럼 김치와 즈케모노
는 쌀이 많이 생산되어 쌀밥을 먹을 기회가 늘어나면서 새로운
변신을 하였다. 지속적으로 쌀밥의 소비가 증가한 1980년 중반의
한국에서 김치는 역사 이래 최고의 발전기를 맞이한다. 그러나
일본은 1962년 이후 쌀밥의 소비가 점차 줄어들어 즈케모노 역
시 쇠퇴기를 겪는다. 그러나 쌀밥 중심적인 식탁은 여전히 지속
되었는데, 즈케모노의 빈자리를 오늘날 일본에서는 김치가 메우
고 있다.

Ⅳ. 중국의 샹창

1990년대 말 중저가의 소시지를 주력상품으로 하여 중국대륙
에 진출한 한국의 모 식품업체가 큰 낭패를 당한 적이 있다. 당
초 그들은 아직 서구식 설비를 갖춘 식품공장이 드문 중국대륙
사정에 비추어 자신들이 오랫동안 기술력을 쌓아 개발한 소시지
가 중국인들의 입맛을 사로잡을 것이라 판단했는데, 그렇지 않았
다. 오히려 한국 모 중소식품업체가 베이징(北京) 시장에 내 놓은
고가의 고급 소시지가 선풍적인 인기를 누렸다. 그런데 중저가의
소시지를 내세운 그 식품업체는 그들의 실패 원인이 가격 전략을
잘못 세운 데 있다고 판단했다. 빈부의 격차가 심한 오늘날의 중

국대륙에서 부자들의 왕성한 구매력을 예상하지 못했던 마케팅 담당자의 잘못된 판단이 그들의 실패를 불러 왔다는 것이다. 그러나 그들은 중국에도 원래 소시지가 있었다는 사실을 모르고 있었다. 내가 보기에는 그것이 더 큰 실수였던 것 같다.

사실 중국 한족, 특히 상하이(上海)와 광둥(廣東)에 걸치는 지역에 사는 남방인들은 오래 전부터 그들의 소시지인 '샹창(香腸)'을 즐겨 먹었다. 이 '샹창'을 포함하여 일 년 내내 먹기 위해 장기간 저장할 수 있는 육고기를 통틀어서 중국인들은 '라뤄(臘肉)'라 부른다. 중국음식의 이름이 주로 재료와 만드는 법으로 구성된 데 비해, 이 '라뤄'는 그렇지 않다. 첫 글자인 '라(臘, 납)'는 음력 섣달을 가리킨다. 즉 음력 섣달에 만드는 육고기 음식이란 뜻이다. 재료로 쓰이는 것도 돼지고기뿐 아니라 쇠고기·양고기·오리고기·닭고기·물고기까지 고기라면 모두 가능하다. 대부분은 고기 자체를 말리거나 훈제하여 오랫동안 저장할 수 있도록 한다. 그런데 이 '라뤄' 중에서 그 모양이 서양의 소시지와 닮은 음식이 있으니 바로 맛있는 내장이라는 뜻의 '샹창'이 그것이다.

주로 돼지의 넓적다리 부분의 고기를 잘게 썬 후 거기에 소금·간장·생강 등을 섞어 버무려 속에 넣을 내용물을 만든다. 별도로 깨끗하게 씻은 후 잘 말린 돼지 창자에 그 내용물을 넣어 며칠 동안 그늘진 곳에 매달아 말리면 완성된다. 먹을 때는 그것을 찌든지 뜨거운 물에 넣고 익힌다. 이미 6세기 때의 중국 문헌인 『제민요술(齊民要術)』에는 양고기의 창자에 양 선지나 고기를 넣어 만드는 '샹창'이 나온다. 그만큼 오래된 음식이다. 그런데 중국인들은 이것을 겨울의 절정에 이르는 음력 12월에 마련하여 설날인 '춘줴(春節)' 때의 풍성한 식탁에 올린다. 그러나 중국의 남방인들은 이 샹창을 겨울동안 잘 준비하여 춘줴 때 뿐 아니라 더운 여름에도 즐겨 먹는다. 이른바 더운 여름에 육고기를 쉽게 상하지 않도록 저장하는 방법에서 남방인의 '샹창'이 등장했다.

중국의 남방처럼 여름이 비교적 더운 지중해 연안의 스페인 농촌 사람들은 겨울이 시작되는 연말이면 돼지를 잡아 소시지와 햄을 만든다. 이른바 한 해의 시작이 돼지 잡는 데서 출발한다. 소시지 속에 들어가는 육고기를 스페인 말로 '초리조(chorizo)'라 부른다. 뼈를 제거한 돼지고기를 잘게 간 후 여기에 으깬 마늘로 간을 한다. 이것을 큰 그릇이나 함지박 같은 곳에 넣어서 거의 한 시간 가까이 손으로 잘 주무른다. 이렇게 혼합된 것을 얼지 않을 정도의 차가운 곳에 하루 정도를 두면 초리조가 만들어진다. 다음 날 이 초리조는 약간 부풀어 오른다. 이것을 올리브기름에 약하게 튀긴 후 돼지의 창자 속에 채워 넣는다. 이 일은 혼자서 할 수 없고 한 사람이 창자 속을 잡고, 다른 사람이 초리조를 속으로 밀어 넣어야 효율적으로 소시지를 만들 수 있다. 스페인처럼 날씨가 북유럽에 비해 더운 곳에서는 소시지를 가능한 그늘진 곳에 말려서 내용물에 수분이 거의 없도록 해야 한다. 이렇게 만든 소시지는 여름이 되어도 상하지 않는다.

소시지와 햄은 원래 육고기를 소금에 절여서 저장하는 방법으로 개발된 음식이다. '소시지(sausage)'라는 말은 원래 라틴어 '살수스(salsus)'에서 파생되었다. '살수스'의 뜻은 소금이다. 그렇다면 소시지는 소금에서 생겨난 음식이란 뜻이 된다. 소금이 지닌 특성 중 하나는 다른 음식을 상온에서 오랫동안 저장할 수 있도록 한다는 데 있다. 즉 소금 속의 소디움이 음식물의 부패를 지연시킨다. 소시지와 햄은 육고기를 소금으로 절여서 육고기의 부패를 지연시켜 사람들이 오랫동안 먹을 수 있도록 하는 데 목적이 있다. 누가 그 방법을 발명했는지는 알려지지 않았지만 아마도 우연히 알게 되었을 가능성이 많다. 햄(ham) 역시 그 만드는 방법은 육고기를 소금에 절인 것이다.

그런데 소시지는 육고기를 갈아서 양이나 돼지의 창자 속에 넣어 만드는 데 비해, 햄은 육고기를 갈아서 그것을 훈제하거나 쪄서 만든다. 겨울이 추운 북유럽에서는 소시지나 햄을 말리지 않고 수분이 있는 상태로 만드는 것이 관례이다. 소시지나 햄 속에 수분이 있으면 추운 겨울에 그것이 얼어서 오랫동안 저장이 가능하다. 그래서 소시지나 햄은 각 지역이 처하고 있는 자연환경에 따라 같은 유럽이지만 지역마다 다른 맛과 향을 지니고 있다. 그런데 20세기 초반에 냉장고가 발명되고 교통이 편리해지면서 이러한 지역적인 특성이 사라졌다. 그 대신에 유럽의 소시지와 햄은 급속도로 세계 각국으로 전파되었다. 더 이상 육고기의 저장을 위한 소시지와 햄은 필요하지 않게 되었지만, 그 독특한 맛으로 인해 세계 보편적인 음식으로 변했다.

하지만 육식을 많이 하는 지역에는 어느 곳을 가리지 않고 소시지와 닮은 음식들이 존재한다. 앞에서도 소개했던 중국의 '샹창' 역시 그러하고, 몽골의 '게데스'라는 음식이 그러하며, 한국의 순대도 마찬가지다. 몽골의 '게데스'는 양이나 염소를 잡아 메밀가루에 그 가축의 피를 넣어 반죽을 한 다음 소금으로 간을 한 것을 창자 속에 넣어 물에 삶아 내는 음식이다. 한국의 순대와 흡사하다. 특히 겨울에 이것을 얼려 두었다가 그때그때 꺼내서 녹여 먹으면 효과적으로 겨울을 날 수 있다.

한국의 순대는 고려 말 원나라의 지배하에 있을 때 몽골의 '게데스'에서 영향을 받은 듯하다. 19세기 말에 나온 『시의전서(是議全書)』란 책에는 '도야지순대'라는 음식 만드는 법이 기록되어 있다. 즉 돼지 창자에 돼지피·숙주·미나리·무·두부·배추김치 등을 섞어 만든 소를 넣어 삶아 익힌다. 이것은 내몽골에서 '게데스'에 채소와 파를 넣는 것과 너무나 닮았다. 특히 함경도 풍속에 이 도야지순대를 겨울에 얼려 두었다가 먹을 때는 익혀서 먹었다고 전해지니 그 관습이 북유럽의 소시지와도 닮았다. 여하튼 한국에서는 순대가 반드시 돼지 창자로만 만드는 것은 아니다. 쇠창자도 가능하며, 오징어와 동태의 바깥 껍질이 모두 순대의 피(皮)로 쓰인다.

함경도 사람들이 즐기는 동태순대는 동태를 하룻밤동안 소금에 절인 후 아가리 속으로 손을 넣어 내장과 뼈를 발라내서 주머니 모양을 만든다. 다음에 두부와 숙주 등을 넣고, 내장에서 꺼낸 알과 이리를 섞어서 버무린다. 그리고 된장으로 간을 맞추고 쌀을 조금 넣어 다시 버무린 후 그것을 배속에 꾹꾹 눌러 넣는다. 속이 꽉 차면 아가리를 실로 꿰매서 집 바깥에 걸어서 얼린다. 만약 손님이 왔든지 하면 언 동태순대를 뜨거운 물에 익혀 내면 금세 마땅한 술안주가 된다. 또 그것으로 국을 끓이면 동태순댓국이 만들어진다. 함경도 사람들은 오징어를 이용해서 오징어순대를 만들기도 한다. 사실 함경도 사람들은 전통적으로 쇠고기보다 돼지고기를 더 좋아한다. 그래서 해방 전 함경도에서는 돼지고기 값이 쇠고기에 비해 월등히 비쌌다. 그러다 보니 돼지 창자로 만드는 도야지순대 역시 그 내용물이 어떠하든지 관계없이 동태순대나 오징어순대에 비해 비싸게 들었다. 그러다 보니 비교적 풍부한 동태나 오징어로 만든 순대가 개발되었다.

해방 이후 이북의 순대가 남쪽에 소개되어 순식간에 인기를 누렸다. 그러나 물자가 극도로 부족했던 시절, 돼지 창자를 구하기는 어려웠다. 그래서 발명된 것이 식용이 가능한 비닐로 순대의 막을 만들고 그 속에 감자나 고구마의 전분으로 만든 당면을 넣는 새로운 순대가 탄생되었다. 원료가 싸기 때문에 순대의 값역시 싸서 누구나 쉽게 먹을 수 있는 음식으로 변했다. 순댓국 역시 돼지고기를 삶은 국물에 순대와 내장을 넣어서 만들었기 때문에 그 값이 싸서 서민음식의 대명사가 되었다. 그래서 오늘날 한국인들은 밥을 먹는 것을 두고 '순대를 채웠다'는 말로 빗대어 말하기도 한다. 그 만큼 값어치가 없는 것이 순대이고 밥 먹는 것도 끼니만 채우면 된다는 뜻이 이 말에 담겨 있다. 하지만 최근 먹고 사는 사정이 좋아지면서 본래의 '도야지순대'가 고급 음식으로 팔린다. 일명 '아바이순대'는 함경도의 전통적인 방법으로 만든다. 그래서 값도 여느 순대에 비해 비싸다. 그래도 남한사람들 머릿속에 있는 순대는 그다지 값비싼 음식이 아니다. 냉장고가 없던 시절 음식을 가장 효과적으로 오랫동안 고기음식을 보존하려던 데서 출발한 순대는 저장음식의 백미였다.

::참고문헌::

주영하, 『음식전쟁 문화전쟁』, 사계절, 2000.
주영하, 『차폰 잔폰 짬뽕』, 사계절, 2009.
주영하, 『식탁 위의 한국사』, 휴머니스트, 2013.

조선대인삼
-1824년 일본
쇼핑 가이드를
통해 보는 조선-

김시덕
(서울대학교 규장각한국학연구원 교수)

조선대인삼

조선대인삼(朝鮮大人參)
–1824년 일본 쇼핑 가이드를 통해 보는 조선–

•
•

I. 1824년 일본의 쇼핑 가이드

17세기 초에서 19세기 중기까지 도쿠가와 가문(德川家)이 일본을 지배한 시기를 에도시대(江戶時代, Edo period)라고 한다. 오늘날의 도쿄에 해당하는 에도에 도쿠가와 가문이 막부(幕府)를 두었기 때문에 이런 이름이 붙었다. 도쿄도 총무국 통계부 인구통계과(東京都總務局統計部人口統計課) 인구동태통계국(人口動態統計係)에서 제공하는 "에도시대의 인구에 대하여"라는 보고서에 따르면, 에도의 인구는 18세기 들어 백만 명에 이른 것으로 추정된다(www.toukei.metro.tokyo.jp/jugoki/2002/02qdj210003.pdf). 지배층인 사무라이와 피지배층인 상공인(商工人) 인구가 각각 절반씩을 차지했다. 참고로 1800년 당시 세계 주요 도시의 인구는 런던이 86만 명, 베이징이 90만 명, 파리가 54만 명이었다.

대도시가 탄생하고 유지되기 위해서는 상하수도 설비 등이 갖추어져 있어야 하고, 도시의 대규모 소비 인구를 지탱할 수 있을 만큼 주변 지역과의 물자 유통이 원활해야 한다. 에도시대의 중심도시 에도에는 당시 일본 전국은 물론 청나라 · 조선 · 네덜란드 · 오호츠크해 연안 지역의 물자까지 흘러들었다. 풍요롭다고

까지는 할 수 없지만, 인구 백만의 대도시 에도에서 다양한 물자의 소비 활동이 확인되는 것은 사실이다. 이러한 소비 활동은 오사카와 교토, 나고야 등 에도 이외의 대도시에서도 확인된다.

이들 도시에서는 가게와 취급 상품을 수록한 쇼핑 가이드들이 출판되어 시민들의 소비 활동에 지침이 되었다. 이러한 쇼핑 가이드들을 대표하는 것이, 1824년에 출판된 『에도 가이모노 히토리 안나이(江戸買物獨案内)』라는 책이다. "수많은 가게가 있는 에도에서 혼자 쇼핑할 수 있도록 안내해주는 책" 정도로 번역할 수 있는 제목을 가진 이 책에는, 에도의 약 3천개 가게와 취급 상품이 소개되어 있다. 일본 국회도서관에 소장된 『쇼톤야 나마에초(諸問屋名前帳)』에는 1851~1868년 사이에 막부가 파악한 약 3만 건의 도매상 이름이 기록되어 있어서 수량만으로 보면 『에도 가이모노 히토리 안나이』의 열 배에 이른다. 하지만 『쇼톤야 나마에초』는 막부 행정에 참고하기 위해 필사본으로 제작된 유일본인데 반해, 『에도 가이모노 히토리 안나이』는 대량 인쇄되어 일본 전국에서 실제로 읽히고 이용되었다는 점에서, 문화사적으로 비교할 수 없이 흥미롭다.

또 한 가지 흥미로운 사실은, 오늘날에는 간사이 지역이라 불리고 당시에는 가미가타(上方)라고 불렸던 교토와 오사카에 자리한 출판사들이 이 책을 출판했다는 점이다. 아마도, 신흥 소비 도시인 에도에서 쇼핑을 하거나 거래를 하고자 하는 가미가타 사람들을 위한 가이드북을 만들려 했던 듯하다. 에도시대 이전의 천 여 년 동안, 일본의 중심지는 가미가타였다. 가미가타에서 지방으로 내려가는(구다루, 下る) 상품은 상품(上品)이고, 자기 지역에서 만들어지는 상품은 중하품이라는 인식이 강했다. 그래서 가미가타에서 수입되지 않은 상품은 내려오지 않은(구다라나이, 下らない) 상품은 질이 낮다는 데에서, "재미없다, 쓸모없다"라

는 뜻의 형용사 "구다라나이"가 만들어질 정도였다. 『에도 가이
모노 히토리 안나이』의 술 항목에는 가미가타에서 에도로 운송된
"구다리자케(下り酒)"를 파는 가게들의 이름이 많이 보인다. "구
다라나이"는 "백제(일본어로 구다라)"에서 온 상품이 아니어서
나쁘다, 라는 뜻이라고 하는 일부 한국 재야학자들의 주장에는
근거가 없다.

도쿠가와 막부가 들어선 17세기 이후에도 이러한 경향은 한동
안 이어졌다. 하지만, 18세기부터 막부가 자리한 에도가 급격히
정치 경제 문화의 중심지로 웅비하기 시작했다. 『에도 가이모노
히토리 안나이』가 출판된 1824년에는 이러한 경향이 완전히 굳
어진 상태였다. 이제 일본인들은 에도를 중심지로서 동경하게 되
었다. 이 책에서는 번성하는 대도시 에도에 대한 일본인들의 동
경심, 그리고 이처럼 흥성하는 대도시 에도를 만들어낸 도쿠가와
막부의 지배에 대한 찬미를 읽을 수 있다. 권두 삽화인 "에도 번
영도(東都繁榮之圖)"와 "아사쿠사 관세음 부귀시장도(淺草觀世
音富貴市之圖)"가 이를 잘 보여준다.

『에도 가이모노 히토리 안나이』에서는 그 당시 어떤 상품들이
에도에서 거래되고 있었는지를 한눈에 확인할 수 있다. 배열은
한글의 "가갸거겨"에 해당하는 "이로하(いろは)" 순으로 되어 있
고, 가게와 판매 품목을 담은 2권과 요리집 명단을 담은 1권의 전
체 3권으로 되어 있다. 『에도 가이모노 히토리 안나이』에 수록된
가게 가운데에는 조센야 간베(朝鮮屋勘兵衛)와 같이 조선이라는
이름을 전면에 내세운 곳도 있고, "조선 쇠고기 환약", "조선 대
인삼", "조선 우황청심원", "조선 별갑(鱉甲)" 같이 "조선"이라는
단어가 내세운 상품을 판매하는 곳도 섞여 있다. 정황상 이들 상
품은 실제로 조선에서 수입된 것이 아니라, "물 건너온 것"이라
는 뉘앙스를 풍기려는 의도에서 "조선"이라는 단어가 붙여진 것

같다. 『에도 가이모노 히토리 안나이』에서는, 청나라 네덜란드와 함께 당시 일본이 중시하던 바다 건너 이국(異國) 조선에 대해 일본 서민들이 품고 있던 생생한 이미지를 확인할 수 있다.

현재 일본의 국회도서관 · 와세다대학 · 고베대학 등에서 『에도 가이모노 히토리 안나이』의 원문 이미지를 온라인 상으로 공개하고 있고, 국립역사민속박물관에서는 이 책에 수록된 가게와 상품들을 리스트로 작성하여 공개하고 있다. 『에도 가이모노 히토리 안나이』의 원문 이미지는 소장처의 소장권 때문에 이 글에 수록할 수 없지만, 이 글을 읽고 『에도 가이모노 히토리 안나이』라는 책에 흥미를 갖게 된 분들은 직접 인터넷으로 검색하면 쉽게 원문 이미지를 접할 수 있다. 외국 자료를 통해 한반도를 바라보는 것은 낯설면서도 흥미진진한 경험이 될 것이다.

II. 에도의 가게를 채운 상품들

『에도 가이모노 히토리 안나이』에는 그야말로 온갖 상품을 파는 가게들이 등장한다. 단순히 가게 이름과 판매 상품을 소개하는 가게도 있는가 하면, 손님들이 유사 업체에 혼동되지 않고 자기 가게에 잘 찾아올 수 있도록 가게 간판 그림을 함께 걸어 놓은 경우도 많다. 붓 파는 가게는 붓 모양 간판을, 양초 가게는 양초 모양 간판을, 담뱃대 가게는 담뱃대 모양 간판을, 주판 가게는 간판 전체를 주판 모양으로 내걸었다. 뜸뜨는 재료 파는 가게는 쑥을 삶는 가마를 지붕 위에 올려 두었고, 치약 가게는 당시 가장 인기를 끌던 가부키배우 이치카와 단주로(市川団十郎)를 간판에 그려 두었다. 요즘 식으로 말하면 연예인 마케팅이라고 할까.

또, 간판은 아니지만, 가게에서 판매하는 상품의 특징을 잘 보

여주는 흥미로운 문양도 『에도 가이모노 히토리 안나이』에는 많
이 보인다. 바둑판 파는 가게는 상세한 바둑판 모양을 문양으로
내세웠고, 안경 가게는 안경을 가게 문양으로 내걸었다. "제갈공
명이 행군할 때 쓴 비법! 매년 단오날 오시에 제조합니다(諸葛孔
明行軍秘法 每歲端午午時處製)"라는 캐치프레이즈를 내세우고
제갈공명의 모자와 부채를 문양으로 내세운 "인마평안산(人馬平
安散)"이라는 약을 파는 가게도 있었다. 담을 제거하는 인삼 고
약인 인삼수담고(人參壽痰膏)를 파는 도라야 이헤이(虎屋伊兵
衛)는 "만병 해독(萬病げどく)"이라는 캐치프레이즈와 함께 호
랑이 문양을 내걸었다. 호랑이가 나쁜 질병을 무찌른다는 뜻인
듯하다.

　특히 흥미로운 것은 에도시대의 인기 소설가 시키테이 산바
(式亭三馬)가 팔던 "비방천녀환(秘方天女丸)" 등의 환약과 "박
화장(薄化粧)" 같은 백분(白粉), 그리고 "에도의 물(江戶の水)"
이라는 이름으로 대히트한 향수를 선전하는 광고다. 에도시대에
는 시키테이 산바나 산토 교덴(山東京傳), 다메나가 슌스이(爲永
春水) 같은 인기 소설가들이 가게를 열어서 각종 상품을 팔았고,
자신들의 소설 속에서 직접 광고를 하기도 했다. 원고료만으로는
생활을 할 수 없었던 것이다. 또, 다메나가 슌스이는 자신의 출세
작 『춘색 매화 달력(春色梅兒譽美)』 안에서, 작가의 친구가 팔던
과자를 소설 주인공들이 구입하는 장면을 등장시키기도 한다. 현
실과 허구를 엄격히 구분하지 않은 당시 소설의 특징을 보여준다.

　Ⅲ. 네덜란드와 조선의 비법

　다음으로, 『에도 가이모노 히토리 안나이』에 보이는 외국 상

품들을 살펴보자. 우선 눈에 띄는 것은 "조선별갑(朝鮮鼈甲)"이라는 상품이다. 일본어로 "벳코"라고 발음하는 별갑은, 자라 등딱지를 가공해서 만드는 기술과 상품을 가리킨다. 이 책에서는 조선에서 가져온 별갑을 이용해서 제품을 만들었다고 내건 가게들이 20여 곳 확인된다. 그런데 특이한 것은, 조선에서 별갑 말고 상아나 물소뿔도 나오는 것처럼 이들 가게가 선전하고 있다는 사실이다. 예를 들어 스루가야 쇼노스케(駿河屋庄之助)는 "상아 조선 물소(象牙朝鮮水牛)"라는 선전 문구를 내걸고 있다. 또, 가가야 기치로베(加賀屋吉郎兵衛)는 "별갑 조선 안경 거울 나침반(鼈甲朝鮮眼鏡かがみ磁針)"이라는 선전 문구를 내걸고 있다. 당시 일본 사람들에게 진귀하게 여겨지던 것들을 한데 모아 판매한 듯한데, 상품 이름 사이에 놓인 "조선"이라는 단어가 소비자들에게 어떻게 다가갔을지 궁금하다.

기타가와 모리사다(喜田川守貞)라는 사람이 에도 · 교토 · 오사카의 온갖 풍물에 대해 1837년부터 30년에 걸쳐 기록한 『모리사다 만코(守貞謾稿)』라는 책에 따르면, 당시 일본에서는 "조선별갑"이 사실은 가짜 별갑이라는 의문이 제기되고 있었던 듯하다. 이러한 의문에 대해 모리사다는 "조선별갑은 가짜가 아니라 일종의 질 낮은 대모(玳瑁 : 바다거북과의 동물)다. 쇠뿔이나 말발톱으로 만든다(朝鮮鼈甲は贋物にも非ず. 一種の下品玳瑁なり. 贋造には牛角を以てし, 貳は馬爪を以て贋る事也)"라고 적고 있다. 당연히 조선에 코끼리나 물소가 있을 리 없기 때문에, 아마도 모리사다의 말이 맞을 것이다. 가짜 별갑을 만들어서는 "조선"이라는 이국의 이미지를 상품에 입혀 팔아보려 한 것이라 하겠다.

한편, 『에도 가이모노 히토리 안나이』에 실려 있는 각종 가게 광고 가운데 가장 많은 것이 약을 파는 가게 광고다. 옛날이나 지금이나 사람들이 가장 관심을 갖는 것은 건강이다. 당시 일본인이 복용하던 약은 기본적으로 중국에서 건너온 한방에 따라 만들어졌기 때문에, 이들 약 광고에서 중국의 비법이라는 것이 강조되는 경우는 많지 않다. 하지만, 네덜란드나 조선에서 건너온 비법으로 만들었다는 것을 내세우는 약은 적잖이 보인다. 비아그라나 고호환에 대한 일부 한국인들의 관심이 보여주듯이, 약은 멀리 물 건너 것이 잘 듣는다는 믿음이 당시 일본에도 있었던 듯하다. 일본 약의 기본이 되는 한방과는 다른 그 무엇인가가 네덜란드나 조선에 있을 수 있다는 엑조티시즘도 한몫했을 터이다.

우선, 네덜란드 의학의 처방 즉 난방(蘭方)으로 제조되었음을 강조하는 약품은 중국어도 아니고 일본어도 아닌 단어를 가타카나로 써서 광고하는 경향이 보인다. 마쓰모토야 히코시로(松本屋彦四郎)의 "난방 데리야카(蘭方テリヤカ)", 다카다 히코스케코(高田彦助弘)의 "난방 메데세인(蘭方メデセイン)", 다이코쿠야 기스케(大黑屋儀助)의 "어면허 난방 우루유스(御免蘭方ウルユス)" 등이 그러하다. 특히 "우루유스" 광고란에는 "이 우루유스는 네덜란드국 헤시스토르노의 대단히 기이한 처방으로, 그가 우리나라에 건너왔을 때 네덜란드 책을 펼쳐 이 처방을 전수해주었다(抑此ウルユスの儀は, 阿蘭陀國回斯篤兒一大奇方, 我朝に渡りし砌, 其蘭書を見ひらき, 此方を授る)"라는 그럴듯한 유래담이 적혀 있어서 흥미롭다.

이밖에도 가타카나의 외래어로 약품 이름을 붙이지는 않았지만, 오하시 진베이(大橋甚兵衛)의 "네덜란드 비방 삼보환(和蘭秘方三保丸)", 니시무라 고스케(西村幸助)의 "난방 청룡단(蘭方清龍丹)", 다이코쿠야 조에몬(大黑屋長右衛門)의 "난방 다마쿠즈(蘭方玉屑)", 야마토야 헤이하치(大和屋平八)의 "네덜란드 비전 은원자(阿蘭陀秘傳銀圓子)" 등과 같이 네덜란드 의학의 처방에 따라 제조된 듯한 뉘앙스를 풍기는 약품이 『에도 가이모노 히토리 안나이』에는 많이 실려 있다.

그리고, 산과(産科)에 해당하는 약품은 네덜란드 유래임을 강조하는 경향이 보인다. 일본어로 번역된 네덜란드의 해부학 서적 『해체신서(解體新書)』가 상징하듯이, 외과 수술을 강조하는 네덜란드 의학의 이미지가 강한 까닭인 것 같다. 이즈쓰야 주베이(井筒屋忠兵衛)의 "네덜란드 산부인과의 제일인자 조분테키지가 처방한 지노쿠스리(和蘭産科魁牒分的兒方血の藥)"가 그러한 사례이다. 마지막으로, 나카야 야헤이(中屋彌兵衛)의 "난방 미백향(蘭方美白香)"과 같이, 약품이 아니라 화장품에도 네덜란드 제법을 강조하는 것이 있다.

Ⅳ. 우황청심원(牛黃淸心圓)과 조선대인삼(朝鮮大人蔘)

다음으로, "조선"이라는 이름은 쇠고기 환약(牛肉丸), 우황청심원, 인삼 등에서 확인된다. 쇠고기환약에 대해서는 「근세 일본의 만병통치약 -조선의 쇠고기 환약」『18세기의 맛』(문학동네,

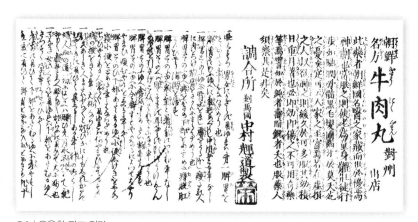

01 | 우육환 광고 전단

2014)에서 검토한 적이 있으므로 여기서는 다시 다루지 않는다. 요컨대, 조선 사람은 쇠고기를 좋아하기 때문에, 그렇게 쇠고기를 좋아하는 조선 사람의 비법으로 제조한 쇠고기환약도 효험이 있을 것이라는 이야기다. 에도시대에 우육환을 판매하던 다나카 기치에몬(田中吉右衛門)이 나누어주던 전단지 사진을 제시하는 데 그친다.

특이하게 백제가 등장하는 약도 있다. 스야 조자에몬(酢屋長左衛門)의 "조선인삼원(朝鮮人參圓)"이라는 약이다. "백제국 이달선 옹의 처방. 천수 불로를 누리고 수명을 늘려주는 양약(百濟國李達仙翁之立方 保天壽不老延年之良藥)"이라는 캐치프레이즈에 등장하는 이달선은, 그 이름부터가 신선임을 암시한다. 아마도 허구의 인물일 터이다. 고대에 백제와 긴밀한 관계를 유지한 일본은, 백제가 멸망한 뒤에도 백제에 대한 친근감을 유지했다. 중세에는 서일본의 대호족 오우치(大內) 가문이 백제 무녕왕의 손자 임성태자(琳聖太子)를 자신들의 조상이라고 주장하며, 전라도에 땅을 달라고 조선 측에 요구하기도 했다. 필자가 일본에서 출간했고 2016년 내에 열린책들 출판사에서 한국어 번역본이 나올 『이국정벌전기의 세계(異國征伐戰記の世界 -韓半島・琉球列島・蝦夷地-)』(笠間書院, 2010)에서 이 문제를 상세히 다룬 바 있다. 요컨대, 일본의 주요한 가문은 자신들의 조상을 신이나 덴노(天皇)라고 주장하는데, 서일본 지역에서 갑자기 부상한 오우치 가문은 이러한 유력한 조상을 갖지 못했기 때문에, 멸망한 외국 왕조의 후예를 자신들의 조상이라고 주장한 것이다. 백제 왕족이 망명해왔다는 규슈 미야자키현 난고손(南鄕村)의 전설 역시 역사적 사실과는 무관하다고 해야 할 것이다.

다음으로, 『에도 가이모노 히토리 안나이』에는 우황청심원 광고도 많이 실려 있다. 우황청심원의 경우에는 오늘날 한국인이

기대하는 것만큼 조선식 처방임을 강조하지는 않은 듯하지만, 시미즈 지탄(清水治丹)의 가게에서는 "조선류 비전방 우황청심원(朝鮮流秘傳方牛黃淸心圓)"을 강조한다. "온갖 질병에 모두 묘한 효험이 있다. 신통하다(萬應諸病共妙也, 如神)"라는 캐치프레이즈가 눈에 띈다. 한편, 특이하게도 네덜란드 제법임을 암시하는 우황청심환 판매업소가 두 군데 확인된다. 마쓰모토야 히코시로(松本屋彦四郎)는 "난방 데리야카(蘭方テリヤカ)"와 함께 "우황청생환(牛黃淸生丸)"을 판매하고 있고, "웅삼우황환(熊參牛黃丸)"을 판매하는 간자키야 겐조(神崎屋源藏)는 "네덜란드 약품 및 환약(和蘭藥品同製煉物)"을 제조하는 가게다.

쇠고기 환약과 우황청심원 이외에 조선류임이 강조되는 것이 조선인삼이다. 스야 겐스케(酢屋源助)와 같이 조선대인삼(朝鮮大人參)이라는 이름으로 판매하는 가게들이 많다. "조선인삼"을 파는 기노쿠니야 겐시로(紀伊國屋源四郎)의 캐치프레이즈도 재미있다. "일본, 중국, 네덜란드의 좋은 상품, 만병의 위기에서 구하는 좋은 약재, 산과 호수와 강과 바다의 기이한 약재, 이들 모두를 최상품으로 비축하고 있습니다. 바가지 씌우지 않고 싸게 정가로 판매합니다(和漢紅毛之佳品萬病危救之良劑山澤江海之奇藥悉貯於最上極品且定価廉直也)". 이 밖에 조선 유래를 내비치는 약으로는 하시모토야 스케에몬(橋本屋助右衛門)의 "조선비방익수불로단(朝鮮秘方益壽不老丹), 가타야 기에몬(形屋喜右衛門)의 "이세·조선의 만금단(勢州朝鮮萬金丹)" 등이 있다.

한국에서는, 일본이 언제나 한반도의 문화를 받아들이는데 혈안이었고, 조선이 파견한 통신사는 전근대의 "한류"라는 식으로 이해하는 경향이 강하다. 반대로 일본에서는, 전근대 일본인들은 한반도를 중국과 한데 묶어서 이미지했으며, 한반도의 정체성을 잘 인정하려 하지 않았다는 주장을 흔히 접한다. 여기까지 『에도 가이모노 히토리 안나이』를 살펴본 결과, "조선"은 중국과는 구분되며 오히려 네덜란드와 하나의 카테고리로 넣어서 생각할 수 있는 이국(異國)으로서 에도시대 일본인들에게 이미지되고 있었음을 알 수 있다. 동시에, 일부 한국인들이 생각하고 기대하는 "조선시대의 한류"의 실체도 확인되지 않았다. 진실은 한국과 일본의 민족주의자들이 생각하고 기대하는 것의 중간 어디쯤에 있다.

　이 글의 마지막으로, 『에도 가이모노 히토리 안나이』에는 보이지 않지만 한반도와 관련 있는 두 가지 약을 소개한다. 하나는, 고대 일본이 한반도의 삼국을 지배했다는 이른바 "진구코고(神功皇后)의 삼한정벌" 전설에서 유래된 "신선신명탕(神僊神明湯)"이다. 필자는 1823년에 간행된 소설 『기소 요시나카 정신록(木曾義仲鼎臣錄)』의 권말에서 이 약의 광고를 보았다. 『일본서기(日本書紀)』와 같은 일본 고대 역사서가 주장하는 바에 따르면, 신라를 침공할 당시 진구코고는 임신중이어서, 돌로 배를 누르고 바다를 건너가 신라를 정복한 뒤에 귀국해서 아들을 낳았다고 한다. 이 전설을 이용해서 "신선신명탕"의 광고문구에서는, 진구코고를 수행한 신하 다케우치노 스쿠네(武內宿禰)가 여성병에 잘 듣는 약을 제조했는데, 그 제법으로 만든 것이 바로 이 약이라고 주장한다.

　또 하나는 정로환이다. 지금은 일본과 한국 모두 "정

02 | 정로환(征露丸)과 정로환(正露丸)

03 | 1930년대 정로환(征露丸) 광고

로환(正露丸)"이라는 한자를 쓰지만, 일본에서 1902년에 처음 판매 면허가 내려졌을 당시의 이름은 "충용 정로환(忠勇征露丸)"이었다. "러시아(露西亞)를 정벌(征伐)하는 환약(丸藥)"이라는 뜻이다. 19세기 초에 독일에서 개발된 제법이 네덜란드를 통해 에도시대에 일본에 전해졌고, 근대 일본이 한반도의 지배권을 두고 청나라 · 러시아와 전쟁할 때 병사들에게 복용시키면서 유명해졌다. 1945년 8월 15일의 패전 이후 일본 정부의 요청에 따라 "러시아를 정벌하는 약"에서 "이슬처럼 올바른 약"으로 이름이 바뀌었지만, 정로환(正露丸)의 나팔 마크에서는, 전쟁으로 흥하고 전쟁으로 망한 근대 일본의 역사를 떠올리게 된다. 일본에서는 『맥아더와 정로환 -일본 전통약 이야기(マッカーサーと征露丸-ニッポン伝統藥ものがたり)』(藝文社, 1997)이라는 책이 나와 있으므로, 흥미를 느끼신 분들은 찾아보셔도 좋겠다.

보존과 접신의
발효문화론
−통합과학의
시행모델을 지향하며−

전경수
(서울대학교 인류학과 명예교수)

보존과 접신의 발효문화론

保存과 接神의 醱酵文化論
―통합과학의 시행모델을 지향하며―

I. 서론: 레비―스트로스 선생이 간과한 것

금세기 최고 인류학자로 일컬어지는 클로드 레비―스트로스 (Claude Levi-Strauss, 1908.11.28-2009.10.30)는 불후의 명작인 〈신화학 1: 날 것과 익힌 것(*Mythologique* 1: Le Cru et le Cuits)〉에서 음식을 구조분석의 소재로 삼고 있다. 구조주의의 논리적 역동성을 지탱하는 이항대립의 대대적 관계를 음식이라는 주제에 대입함으로서, 레비―스트로스가 제시한 음식은 '날 것'과 '익힌 것'으로 구조화되었다. 나는 서구의 이원론에서 비롯된 레비―스트로스의 구조화(structualization) 시도가 적용되지 않는 음식의 문제를 본고의 시발점으로 삼고자 하며, 그 논의의 중심에 발효음식을 설정하고 있다. 환언하면, 음식을 제물로 삼은 레비―스트로스의 구조주의 인류학은 이원론적 사상 훈련의 극치로 나타난 것으로서, 세상살이에 기초한 민족지(민속지)의 다양성을 전제로 하는 패러다임을 무시한 지극히 반인류학적(反人類學的)인 레토릭의 결과였다는 점을 간접적으로 논증하고자 한다.

기호와 취미의 수집벽이 박물관을 형성한 시초라고 생각되지만, 서구의 도시에 존재하는 많은 인류학박물관과 민족학박물관

의 기본적인 아이디어는 '야만인'과 '원시인'들의 물건에 대한 수
집으로부터 시작된 것은 분명하다. '야만인'들이 사용하는 '이상
한' 물건들에 관심을 가진 사람들의 '이상함'이란 느낌을 전달하
는 방법과 대상으로 선택된 것이 물건들인 셈이다. 특정한 물건
을 통하여 한 사회에 대한 이해의 정도를 높이고자 함이 인류학
자들에 의해서 진행되어 왔고, 그러한 관심의 축적이 인류학박물
관과 민족학박물관 또는 민속박물관의 생성기초인 셈이다.

그런데, 레비-스트로스는 일상생활 속의 음식이라는 물건 그
자체의 성질이나 형태 그리고 내용에 대한 논의는 제외하고, 음
식의 상징성만을 추구함으로써 물질로서 음식의 본질을 제외하
고 구조분석의 제물로 삼은 셈이다. 음식을 거론하였던 레비-스
트로스가 간과할 수밖에 없었던 음식의 현상은 사람과 음식의 관
계에서 관찰되는 민속지적인 내용들이다. 인류학자로서의 레비-
스트로스는 한 번도 에스노그래피를 작성해보지 않았던 학문적
배경을 〈신화학〉의 전개를 통하여 노정시키고 있다. 레비-스트로
스의 구조주의 인류학은 자신의 입에 맞는 에스노그래피들의 조
각들을 선별적으로 조합한 철학을 지향하는 생산물이라고 결론
지을 수 있다.

그의 구조라는 도식에서 '날 것과 익힌 것'은 자연과 문화의
대대적 관계를 상징적으로 나타낸 것이며, 구조 속의 역동성을
담보하는 변형(transformation)을 자연과 문화에 대입함으로서
먹는 것으로서의 '날 것과 익힌 것'은 못 먹는 '썩은 것'에 대립되
고, 자연적 상태로서의 '날 것'과 '썩은 것'은 문화적 상태인 '익
힌 것'에 대립되고, 변형의 상태인 '익힌 것'과 '썩은 것'은 원형
의 상태인 '날 것'과 대립된다는 구조화를 시도하였다. 변형에 의
한 결과는 대대적인 이항대립으로만 나타난다는 설명이다. 신화
학 제1권인 〈Le Cru et le Cuit(날것과 익힌 것)〉과 신화학 제2권

인 〈Du miel aux cendres(꿀에서 재까지)〉에서는 "삭힌" 혹은
"발효(fermentation)" 혹은 "발효음식(alimentation fermentée)"
에 대한 언급은 전혀 없다. 심지어, 이상의 두 권에서는 프랑스어
의 동사인 "발효하다(fermenter)"라는 어휘조차도 나타나지 않
는다.

　레비-스트로스의 입장에 선 우리는 그의 논리 속에서 발효음
식의 자리를 찾을 수가 없다. '썩은 것'도 아니고, '날 것'도 아니
고, '익힌 것'도 아닌 '삭힌 것'은 레비-스트로스가 설정한 사람
과 음식의 관계 속에서 설 자리가 없다. 그의 이항대립 속에서는
발효음식이 설 자리가 없다. '삭힌 것'은 '날 것'과 '익힌 것' 사이
의 중간자가 아니다. 레비-스트로스의 이항 도식에는 아예 '삭힌
것'이 들어갈 자리가 없다는데 필자의 문제의식이 싹튼 것이다.
그가 평소에 자신의 오른 손으로 잡은 유리잔에 담긴 적포도주를
자신의 목구멍으로 즐겨서 넘겼다는 과정을 생각한다면, 자신이
라는 몸을 가진 사람과 관련되어 진행되는 변형의 과정에 개입한
미생물의 활동과 그 과정의 발효현상을 간파하지 못한 레비-스
트로스의 인류학은 몸과 마음의 관계를 간과한 이원론인 셈이다.
그의 이원론은 극단적인 유심론에 입각한 것이었다는 평가만이
가능하며, 미생물이 독자적으로 또는 때로는 인간과 함께 만들어
가는 물질의 전유과정인 '썩은 것'을 거론하면서 대체로 동일한
과정을 경유하는 '삭힌 것'을 까맣게 무시한 구조의 도식은 사고
출발의 근본으로부터 의심받을 수 있다.

　프란츠 보아스(Franz Boas)와 그의 동료들이 채집했던 북미
인디언의 신화와 전설들을 읽고 분석하기만 한 그는 그러한 신화
의 내용들이 실제 생활 속에서 연행될 수 있는 과정에 대해서는
관심을 두지 않은 것 같다. 신화의 내용들을 분해하여 자신의 구
조 도식에 맞추어 넣는 과정만을 생각한 레비-스트로스는 그러

한 신화를 생산하고 신화가 제공하는 분위기 속에서 살아가는 사람들의 일상생활에 대해서는 놀라우리만치 관심을 두지 않았다. 신화를 접하고 신화의 내용을 구전하고 신화가 얽힌 장소에서 특별한 경우의 접신을 시도하는 '아메리칸 인디언'들의 샤머니즘에 개입된 미생물과 몸의 관계에 대해서는 철저하게 외면한 것이다. 에스키모의 샤먼이나 이로코이의 추장이 영험을 얻기 위한 접신(接神)의 시도에 매개되는 술이나 발효음료에 대해서 레비-스트로스는 털끝만큼도 언급하지 않는다. 접신은 맨 정신의 주문 만으로 하는 것이 아니라 반드시 알코올이 포함된 음료나 선인장 종류들로부터 채취한 최음제의 도움으로 진행되는 것임을 지적한다면, 발효는 접신을 위한 도구적 역할을 한다고 볼 수 있다.

동남아시아의 모든 지역에서 새우나 생선으로 만드는 액젓 종류들과 동아시아의 대표적인 콩 제품인 된장 종류들이 모두 발효의 과정을 거친 보존 식품들이다. 식품의 장기간 보존을 위한 기능적인 방법으로 창안된 것이 발효라는 과정이다. 멕시코의 선인장을 원료로 만든 풀케와 안데스의 옥수수로 만든 치차, 아마존의 마사도, 그리고 한국의 막걸리는 모두 알코올 성분이 든 발효음료다. 마야 사람들의 풀케와 안데스 퀘추아 사람들의 치차는 피에스타에 참가하는 사람들이 취하기 위하여 마시는 술들이다. 말하자면, 이러한 발효음료들은 사람들로 하여금 접신을 하도록 하는 기능을 갖고 있는 셈이다.

사츠마번에 의하여 주식의 경작지를 탈취당한(1609년) 류큐 왕국의 주민들은 생존을 위하여 소철(蘇鐵, cycad palm)을 먹을 수밖에 없었던 역사가 체화된 기억을 안고 있다. 엄미대도(奄美大島, 아마미오오시마, 류큐왕국의 북부)와 파조간도(波照間島, 하테루마지마, 류큐왕국의 최남단) 주민들은 소철의 몸체 둥치와 열매를 갈아서 전분을 뽑아내어 주식의 원료로 삼았다. 그러나 소철 전분 속에는 소독과 방부제로 사용하는 화학물질인 포르 말린(formalin)을 주로 한 강력한 독성물질들이 담겨 있었기 때 문에, 그것을 제거하기 위한 수단으로서 발효라는 방법을 적용시 켰다. 미생물의 도움을 받는 발효라는 과정이 식량을 탈취당한 류큐 주민들의 목숨을 구한 셈이었던 것이다. 그러나 포르말린이 완전히 제거되지 않은 소철을 먹은 사람들의 주검이 경험되었기 때문에, 지금도 오키나와 일대에는 "소철지옥(蘇鐵地獄)"이라는 이야기들이 전해지고 있고, 그것을 잘 발효시켜서 주식으로 사 용한 경험이 있는 아마미오오시마에서는 "소철(蘇鐵)은 은인(恩 人)"이라는 얘기가 전해지고 있다.

　아메리카 인디언들 중에서도 서부의 대분지에 살던 사람들은 그들의 주식으로서 도토리를 가공하였다. 도토리의 탄닌산을 제 거하는 방법으로 그들은 지열을 이용하였다. 모래 속에 파묻어둔 도토리로부터 탄닌산이 제거되기를 기다렸던 것이다. 이렇게 미 생물의 작용이 필수적으로 개입하는 발효는 인간이 발견한 형상 이라고 말할 수 있다. 따라서 발효는 생물학적 현상과 문화적 현 상이 결합되어서 진행되는 모습을 보여주고 있기 때문에, "발효 음식을 연구한다는 것은 사람과 미생물 그리고 음식의 친밀한 관 계를 연구하는 것이나 마찬가지다"(Steinkraus 1996, p.1). 스타 인크라우스의 이 진술에 레비-스트로스의 이항대립 도식은 설 자리가 없다. 이항대립의 조합을 어떻게 제시하더라도 그것은 궤 변에 불과하다. 그의 구조인류학에는 미생물과 관련된 발효음식 의 논의가 들어갈 자리가 없다.

　본고는 발효라는 과정을 생물문화적인 현상으로 간주하고, 발 효 현상이 개입된 음식의 주된 기능을 보존(保存)과 접신(接神) 이라는 측면에 한정하여 현재까지 제공된 음식민속지들로부터 추출한 정보들을 중심으로 발효 과정의 생태학적 측면을 검토하고자 한다. 이러한 논의를 하는 주된 목적은 자연과학적인 발효 현상과 문화론이 개입된 발효 현상에 대한 이해를 접목시킴으로서 통합과학의 시행모델로서 발효음식과 관련된 논의를 제공하고자 함에 있다. 부차적인 목적으로는 음식과 관련된 인류학적 논의의 범주를 발효라는 현상의 틀에 적용하여 분석하고자 하는 것이다. 이 과정에 이용된 자료들은 기존에 발간된 학자들의 보고서들과 다년간 현지연구를 통하여 수집된 필자의 필드노트로부터 발췌하였다. 특별하게 인용한 표시가 없는 민속지적 정보들은 모두 필자의 필드노트로부터 나온 것들이다.

II. 醱酵와 腐敗 사이: 生化學과 文化論

발효(fermentation; Greek, *zymosis*)와 부패(putrefaction; Greek *sepsis*)는 미생물에서 일어나는 유사한 그러나 결과적으로 다른 현상으로 이해된다. 생화학자들에 의해서 그려지는 양자의 차이에서 발생하는 결과적인 논의가 일상적인 생활 속에서 어떻게 반영되고 있는가(Fruton 1972, pp.22~86)의 문제는 그 연구과정의 복잡성에 비해서 지극히 간단하게 받아들여진다. 즉 인체에 유효한 결과를 생산하는가 또는 인체에 유해한 결과를 만들어내는가에 따라서 발효와 부패의 차이를 수렴시키기도 한다. 사람들은 미생물학적 과정의 복잡성에 휘말리기보다는 즉각적인 몸의 반응에 따라서 과학적 과정을 분류하는 민속체계에 더욱더 익숙해 있다고 말할 수 있다. 즉 인체에 유해한가 또는 이익이 되는가의 차이는 반드시 생물학적 또는 생화학적으로만 결정되는 것은 아니다. 일반적으로는 대체로 동일한 정도의 유해성과 유효성을 논의하고 있지만, 문화적으로 엄밀성을 따지는 음식의 범주로 들어가면, 양자의 구분이 그렇게 명확하지도 않다. 마치 생화학에서 발효와 부패의 과정이 미묘하고도 명확하게 선이 그어지지 않는 부분이 있는 것처럼, 문화차이를 바라보는 인류학적 관점에서 취급하는 음식의 차원에서도 발효와 부패가 불분명하고 애매한 영역이 존재함을 인정할 수 있다.

단백질이 분해된 부패물질을 독성의 유무로 규정하는 것은 과학의 몫이라고 하지만, 독성이 있는 단백질 부패물질을 먹는가 먹지 않는가의 문제는 문화의 몫이다. 그래서 미생물학적 실험과 정보보다는 민속체계에 적응하기에 익숙한 한 문화인류학자는 "인간에게 유익한 경우를 발효라 하고, 유해한 경우를 부패라 한다. 즉 발효와 부패의 차이는 과학적으로 구별되는 것이 아니라 인간의 가치관에 의하여 결정된 것이다"(石毛直道 1990, p.19)라는 일종의 문화결정론을 내세운다. 즉 음식은 문화의 문제인 것이다.

물론 이러한 견해를 생화학자들이 그대로 수용할 리는 없다. 내가 관심을 갖고 있는 것은 생화학과 인류학이 만나는 접점(그 부분이 지극히 미미하다고 하더라도)에 있다. 아마도 이러한 애매모호한 영역에서 새로운 과학적 발견이 예견될 지도 모른다. 예를 들면, 어떤 사람들에게는 독성이 되는 것이 어떤 다른 사람들에게는 맛있는 음식 또는 약이 되는 것을 어떻게 밝혀내느냐 하는 문제에 논의의 초점을 맞추고 싶은 것이다. 생물학적으로 독과 약에 대한 구분의 경계도 인정해야 하지만, 유해성과 유해정도의 여부에 대한 판가름도 사람의 가치관에 의해서 결정되는 부분이 있다는 점을 인정해야할 것이고, 그러한 경계 무너뜨리기의 시도와 고집이 새로운 음식의 개발이라는 진화과정에 기여하였다고 생각된다.

"수천 년 동안 인간의 잔존에 중대한 역할을 한 발효는 두 가지 형태가 있다. 하나는 흔히 소금의 개입과 관련이 있는 유산 발효(lactic acid fermentation)이고, 다른 하나는 알코올 발효(alcoholic fermentation)이다. 산과 알코올은 모두 훌륭한 방부제일 뿐만 아니라 질병의 원인이 되는 박테리아를 파괴하는 경향이 강하다"(Steinkraus 1993, p.3). 보존을 지향하는 유산발효와 접신을 가능하게 하는 알코올 발효는 미생물의 도움이 없이는 불가능한 현상이고 과정이지만 인간이 발명(발견)한 음식이라는 문화의 소산이기도 하다. 따라서 발효에 관련된 음식의 고찰은 필연적으로 생물문화적(biocultural) 과정을 통하여 이해되기를 기대하고 있는 것이라고 말할 수 있다(전경수 1997). 나는 이러한 입장을 통합과학의 시행모델이라고 부르기를 주저하지 않는다. 환언하면, 발효음식에 관한 연구가 통합과학의 실천적인 시행모델로서 간주될 수 있다는 주장이기도 하다.

레비-스트로스는 사람이 먹을 수 있는 것과 먹을 수 없는 것의 대립 기준으로서 '썩은 것'이라는 범주를 설정하였다. 그가 미생물학적 과정을 자세하게 검토하지 않았기 때문에, '썩은 것'이라는 범주를 '삭힌 것'이라는 범주와 구분해내지 못했다는 점은 이미 지적한 바이다. '썩은 것'과 '삭힌 것'을 구분하는 기준은 무엇일까?

그러면, '썩은 것' 즉 부패한 것을 사람들은 과연 먹지 못하는 것일까? 반드시 그렇지만도 않다. 나는 부패한 음식과 발효된 음식의 경계에 대해서 모호한 점이 있음을 지적하고 싶고, 그러한 경계선상에서 음식을 개발해낸 사람들의 실험정신과 지혜에 대해서 언급하고자 한다. 즉 부패와 발효의 경계선은 생화학적으로 결정되는 것이 아니라 그러한 경계를 경험한 사람이 정한다고 생각한다. 따라서 그러한 결정이 내려지는 이유에 대해서는 다양한 설명이 가능하기 때문에, 발효와 부패의 경계에 관한 해석은 인지와 지식의 문제를 다루는 인지인류학의 영역이라고도 말할 수 있다. 이러한 논의를 위하여 나는 사르데냐에서 수집한 음식민속지(food ethnography)의 사례로서 까수 마르주(casu marzu, 이탈리아어로는 formaggio marcio)와 한국 서남부의 해안과 다도해 지방(특히 진도)에서 즐겨 먹는 홍어회를 거론하고자 한다.

까수 마르주는 뻬코리노(pecorino)를 재료로 하여 3개월간의 발효과정을 거쳐서 만든 치즈의 일종이다. 현재는 건강상 이유로 상거래상 불법으로 지정된 것으로서 구더기에 의해서 벌집처럼 구멍이 난 형태로 유명하다. 까수 마르주가 독성을 포함하는 이유는 치즈 속에서 사망한 구더기의 시체로부터 나오는 것으로 이해되고, 장염을 일으키는 위험이 있다. 증상은 어지럽고 구토를 하며 복통을 일으키며 피를 포함한 설사가 발생한다. 이 구더기는 사람의 위산에 적응을 잘 하며, 상당 기간 동안 사람의 장 속에서 활동이 가능하다. 주둥이에 강력한 갈고리를 갖고 있는 구더기의 생존 기간 동안에 여러 가지 소화기질환이 발생한다. 사르데냐의 암시장에서만 거래되는 까수 마르주는 일반적인 뻬코리노의 두 배 값이다. 까수 마르주의 문자상 의미는 사르데냐어로 "썩은 치즈"라는 뜻이고 구더기 치즈라는 의미로도 통한다.

치즈 파리(Piophila casei) 애벌레의 활동으로 부패된 상태가 발효를 능가한 것으로 이해된다. 이 파리는 한꺼번에 오백 개 정도의 알을 낳는다. 알로부터 부화된 애벌레는 뻬코리노 치즈로부터 영양분을 받아서 성장한다. 애벌레는 치즈의 지방을 분해하고 고도의 발효를 촉진시키는 목적으로 사람들에 의해서 의도적으로 주입된 것이다. 구더기의 소화액이 뻬코리노를 까수 마르주로 변형시키는 것으로 이해된다. 치즈의 육질은 대단히 부드럽고 사르데냐 말로 눈물이란 뜻의 라그리마(lagrima) 즉 액체가 많이 함유되어 있다. 애벌레들은 아주 투명하고 길이는 8mm 정도이며,

주변으로부터 진동을 느끼는 동시에 15cm 정도까지 도약하기도
한다. 어떤 사람들은 애벌레들이 튀어 나가고 난 다음에 먹기도
하지만, 일부의 사람들은 애벌레채로 먹기도 한다. 구더기를 먹
기 싫은 사람들은 밀봉된 종이 봉지에 까수 마르주를 보관하면,
구더기들이 산소부족으로 질식하기 직전에 요동하는 소리들이
들리기도 한다. 봉지의 내벽에 튀는 구더기들의 요동소리가 끝나
면 먹는 차례가 된 것이다. 보통 사르데냐 사람들은 아주 얇은 발
효 빵인 빠네 까라사우(pane carasau)에 까수 마르주를 얇게 발
라서 붉은 포도주와 함께 먹으며, 까수 마르주는 정력과 성욕을
강화해주는 것으로 믿어지고 있다(Trofimov 2000.10.23.).

　빠네 까라사우는 두께 2mm 정도 안팎의 얇은 빵으로서 넓이
는 손바닥만한 것으로부터 얼굴 넓이만한 것들도 있다. 이스트
를 사용하여 부풀리는 보통의 빵들은 3~4시간 정도의 단기간 숙
성시간을 소요하지만, 빠네 까라사우는 이스트를 넣은 상태에서
하룻밤을 재우는 장기 발효 방식이다. 만들어진 빠네 까라사우
는 바삭바삭한 상태로서 비스켓을 씹는 맛이다. 이것이 사르데냐
의 동부 산악지대인 누오로(Nuoro) 지방 사람들의 주식이기도
하며, 건조하고 가벼운 상태이기 때문에 지참이 편하여 목동들의
점심으로 많이 애용된다. 남성 장수지역으로서 세계 최고 기록을
보여주고 있는 사르데냐 사람들의 주식이 발효된 빵과 발효된 적
포도주와 발효된 까수 마르주라는 점을 지적한다면, 발효와 장수
의 상관관계에 대하여 문제의식을 가질 수 있다. 그런데, 까수 마
르주라는 치즈가 '썩은 것'이라는 법률적인 판단과 일상적인 인
식 범주내의 음식이라는 점에 대해서 주목하지 않을 수 없다. 부
패한 것이 발효된 다른 음식들과 함께 음식의 범주에 속해 있다
는 점은 지극히 문화적인 문제라고 이해할 수 있는 것이다.

　1975년부터 1976년까지 나는 전라남도 진도에서 인류학적 자

료수집을 위하여 임회면 강계리에 거주하였다. 연말이 되면 주민
들은 각종 계의 정리를 위해서 모임을 한다. 혼례식이나 장례식
과 같은 의례 시와 제사에도 반드시 준비하는 제물로서는 홍어회
가 있다. 물론 이것을 제사상에 올리는 것은 아니지만, 의례 시에
참여하는 손님들을 대접하기 위해서 준비하는 것이다. 홍어회는
반드시 발효한 것으로서 육질의 색깔은 분홍빛이 돌며, 매운맛을
포함하면서 암모니아 냄새가 진동한다. 홍어가 비싼 경우에는 가
오리를 사용하기도 한다. 삭힌 홍어회를 준비하는 방법은 간단하
다. 바다에서 어부가 잡아온 홍어(Skate, Raja kenojei)나 가오리
를 비닐주머니나 고무통에 3~4일간 담아두었다가 꺼내면 된다.
그 기간 동안에 홍어는 자연 상태의 열 효과와 미생물에 의해서
발효된다.

"홍어의 육질에는 요소(urea)와 trimethylamine oxide(TMAO)
의 성분이 다량 함유되어 있으며, 발효기간 중에 생성되는 암
모니아는 …위산을 중화시키고 장의 잡균을 제거하고, 체내에
서 유해한 세균의 증식을 억제하는 작용을 한다. …홍어에 함유
되어 있는 taurine, anserine 및 alamine과 같은 우수한 아미노산
은 발효 중에 더욱 많이 생성되어지는데"(김경희 · 조희숙 2008,
p.236), "홍어에는 성장 발달에 중요한 기능을 수행하는 taurine,
감칠맛을 증가시켜주며 근육의 완충 역할을 하는 anserine, 두뇌
성장발달과 인지기능을 향상시켜주는 필수지방산이 다량 함유
되어 있으며, 혈전증 예방과 시각 강화 기능을 지닌 EPA, DHA가
다량 함유되어 있다. 또 홍어의 연골에는 뮤코다당 단백질인 콘
드로이틴이 다량 함유되어 있어서 건강식품, 비만예방 및 노약자
에게 좋은 식품으로 가능하다"(조희숙 · 김경희 2008, p.397). 또
한 "발효 홍어의 pH는 국내산이 9.2, 수입산은 9.1~9.3이었다. …
대장균은 모든 발효 홍어에서 검출되지 않았다"(조희숙 · 김경희

2008, p.401)는 보고는 발효라는 과정에 최대의 관심을 갖게 하는 자료라고 생각된다.

　호남지방의 명물로 자리 잡은 삭힌 홍어회라는 존재는 발효과정의 장점을 최대한으로 활용하고 있는 사람들의 지혜를 알게 한다. 발효에 의해서 영양소들을 증가시킬 뿐만 아니라 각종 질환 예방에 유용한 요인들이 생성되는 것이다. 영양과 질병예방에 필요한 물질을 얻을 수 있는 홍어의 발효과정은 건강한 생활의 담보를 위한 음식문화의 발명이라고 말할 수 있다. 그것은 발효에 의한 보완방법의 강구책임에 분명하다. 이러한 점에서 시베리아의 원주민들이 민물고기를 삭힌 홍어회와 유사한 방법으로 마련하는 것도 앞으로 주의 깊게 관찰해보아야 할 연구대상이라고 생각한다.

　따라서 영양학자가 생화학적 분석에 의하여 정리한 발효의 역할에 대한 다섯 가지 항목들["1. 식재가 갖고 있는 맛, 향기, 재질의 다양한 변화를 통하여 식단을 풍부하게 함, 2. lactic acid, alcoholic, acetic acid, alkaline 발효를 통하여 상당량의 음식을 보존함, 3. 단백질 특히 필수아미노산과 필수지방산 및 비타민 등과 함께 생물학적으로 식재를 풍부하게 함, 4. 음식의 발효과정 동안에 독성 제거, 5. 요리 시간과 연료량을 절감함"(Steinkraus 1996, pp.3~4)]에 인류학자들이 발견한 음식민속지들로부터 추출한 문화의 옷을 입힌다면, 우리는 새로운 영역의 연구 주제를 찾을 수 있을 뿐만 아니라 문화다양성의 공유를 통한 균질된 삶의 질을 향상시키는데 기여할 수 있을 것으로 생각한다. 발효과정이 아니라 그 결과로서 만들어지는 발효음식에 초점을 맞춘 본고는 장을 중심으로 하는 발효음식의 보존이라는 측면과 알코올 발효에 의한 술이라는 발효음식이 인간에게 제공하는 효과인 접신이라는 측면에 집중하여 논의하고자 한다.

Ⅲ. 유산발효의 保存: 醬

　보존음식의 대표 주자는 어장(魚醬)과 곡장(穀醬)으로 대별된
다. "어장(魚醬)은 각종의 아미노산을 함유하고 있고, 그 중에서
도 특히 글루타민산의 함량이 높다. …동아시아에서 발달한 콩류
(豆類)와 곡물을 원료로 한 발효조미료인 '곡장(穀醬)'이 아미노
산류를 함유하고 글루타민산이 풍부한 감칠맛조미료인 것은 잘
알려져 있다"(石毛直道 1990, p.269). 어장은 동남아시아의 주
산이고, 곡장은 동아시아의 주산이라고 분포상의 논의가 있지만,
반드시 그렇지만도 않다. "장(醬)의 본자(本字)는 장(醬)이다. 장
(醬)이라는 문자는 읽는 법을 나타내는 음부(音符)인 장(爿)과 육
(肉)이라는 의미를 나타내는 월(月) 및 주(酒)라는 의미를 나타
내는 유(酉)의 세 가지 요소로서 짜여져 있다. '장(醬)은 육(肉)
의 주(酒)'로서의 성격을 가진 식품이다"(石毛直道 1990, p.351).
따라서 한자에 기초하여 문화사상으로 풀어본다면, 시간적으로
어장이 곡장에 앞서는 품목이라는 생각을 할 수 있다. 어장이 먼
저 발명되었고, 그것을 벤치마킹한 것이 곡장이라고 말할 수 있
다. 즉 곡장은 식물성 어장의 역할을 한 셈이다.
　장이 발달한 동남아시아와 동아시아의 주식이 쌀인 점을 감
안한다면, 장과 쌀은 하나의 세트로 발전된 식단이라고 생각된
다. 당분이 많은 쌀을 주식으로 삼게 되면서, 영양과 맛의 균형
을 맞추기 위한 소금을 기초로 개발된 것이 장이라는 생각을 하
게 된다. 소금에 장을 포함하는 전략은 흡습성(hygroscopic)이
강한 소금의 성질을 감안한 방안일 수도 있다. 소금만 보존하는
것은 흡습성으로 인한 녹아버림을 감수해야 하는데, 장에 소금을
포함하게 되면 장은 '육주(肉酒)'뿐만 아니라 소금 즉 필수 무기
물인 소디움도 함께 안전하게 보존하는 장점을 갖게 된다. "어장

(魚醬)과 육장(肉醬)은 어(魚)와 육(肉)의 주재료에 소금을 첨가하여 장기간 보존하는 동안에 주재료에 함유되어 있던 효소의 작용으로 단백질이 아미노산으로 분해된 식품이다. 최종 제품의 형태의 차이에 의하여 어장(魚醬)은 젓갈, 어육(魚肉)을 으깨어 발효시킨 젓갈 paste, 젓액[魚醬油]의 3종류로 대별된다"(石毛直道 1990, p.97).

비엣남의 '느억맘(nuoc-mam)'은 동남아시아의 대표적인 어장이다. 갈색의 액체이며, 메콩강의 하류인 빈탄 주와 푸쿼 섬에서 나오는 것이 가장 좋다고 평가받는다. 메콩강을 따라서 배를 타고 가다 보면, 군데 군데 '느억맘'의 냄새가 진동하는 장소를 지난다. 민물고기로 느억맘을 만들기도 한다. 생선으로만 하는 것이 아니라 새우로도 만든다. 태국에서는 새우나 작은 생선들을 먼저 소금에 절이고, 독에 담아서 봉한 후, 땅 속에서 수개월 동안 저장한다. 결과적으로 진액(supernatant liquid) 상태의 '느억맘'이 만들어진다. 발효가 시작된 지 2개월 정도가 지났을 때 가장 품질이 좋은 것이 생산된다. 말레이시아에서는 멸치로 이것을 만드는데, 그것을 '부두(budu)'라고 부른다.

어장의 변형으로 대표적인 것이 식해(食醢)이다. 가자미식해와 같은 것은 젓갈로 대표되는 어장에 좁쌀이나 쌀과 같은 곡물을 넣어서 만든 보존식품이다. 그 제조과정을 간단하게 살펴보면, 생선에 소금을 섞어서 발효의 과정을 밟지 않은 것은 자반과 같은 염장어에 해당되고, 발효과정을 거친 것은 어장이 되는 셈이다. 다시 어장에 곡물을 섞은 다음에 발효과정을 거친 결과에 생산된 것은 식해이다. 시장에서 흔히 접하기 쉬운 가자미식해는 이상의 과정에 고춧가루가 혼입된 결과물이다.

필자가 경험한 일본의 식해(食醢) 두 가지에 대하여 설명하고자 한다. 하나는 와카야마에서 제조되는 고등어로 만든 "나래즈시"로서 '혼나래'(진짜 나래즈시)와 '하야나래'(속성으로 만든 나래즈시)로 구분되는 것이 있다. 고등어의 머리 부분을 잘라내고 배를 갈라서 내장을 꺼낸 후, 육질이 많은 몸체부분만 소금에 일정 기간 절이는 과정에서 발효가 시작되는데, 어느 정도 발효가 진행된 다음에 고등어 몸체 사이에 쌀밥을 집어넣고 다시 발효과정을 밟는다. 물론 뼈는 처음부터 모두 제거된 상태이다. 나무통에 쌀밥을 끼어 넣은 고등어를 차곡차곡 잰 다음에 그 위에 뚜껑을 덮고 무거운 돌로서 눌러 놓는다. 발효 기간이 길어지는 것이 '혼나래'이고, 발효기간이 상대적으로 짧은 것이 '하야나래'이다. 저장기간의 길이와 냄새의 강도는 비례하며, 냄새의 강도에 따라서 '혼나래'와 '하야나래'의 구분은 쉽사리 이루어진다. 전문점에서부터 양자의 가격은 월등하게 차이가 난다.

두 번째의 사례는 쿄토 부근 비와코[琵琶湖]의 동북호안에서 잡히는 붕어류로 만드는 것으로서 '후나즈시(funazushi)'가 있다. 원료의 생선은 자경부(煮頃鮒, nigorobuna)와 원오랑부(源五郎鮒, gengorobuna)가 주로 사용되지만, 알을 가진 자경부(煮頃鮒)가 가장 선호되는 재료이다. 4~6월의 산란기에 호안에 접안한 붕어를 어획하여 씻는다. 비늘을 벗기고 아가미를 떼어낸 다음 아가미 쪽에서부터 꼬챙이를 배로 찔러 알 이외의 내장을 제거한다. 뱃속에 소금을 채워 넣고 목제인 자통(鮓桶)에 붕어와 소금을 교대로 채워 넣은 다음 작은 뚜껑을 덮는다. 물이 올라오면 누름돌로 눌러 놓는다. 소금의 양은 경우에 따라 다르지만, 대체로 중량비로 붕어 무게의 50% 정도인 예도 있다. 7월의 토왕(土旺, 입하 전의 18일간) 시기에 본 절임을 한다. 통에서 꺼낸 붕어를 물로 씻고 소금을 제거한다. 물을 뺀 붕어와 되게 지은 미반(米飯)을 함께 자통(鮓桶)에 넣고 절인다. 반(飯)과 붕어의 비율은 붕어 1관에 쌀 1승에서 2승 등 여러 가지가 있으나 반(飯)의 양은 많으면 많을수록 좋다. 통 밑에 반(飯)을 깔고 그 위에 붕어를 까는 방법을 반복하는데, 반(飯)과 붕어를 샌드위치 형태로 통 속에 넣고 안뚜껑을 덮은 다음 무거운 돌을 올려 놓는다. 하루가 지나 자리를 잡으면 통에 소금물 혹은 물을 뿌리는 경우가 많다. 뿌리는 물로 공기는 차단되어 산화를 막고 소금으로 부패를 억제하여 오로지 유산 생성으로 발효를 한정하도록 함으로써, 소형의 붕어라면 10월에 200g에서 300g의 것이라도 정월에는 맛이 들어 뼈까지도 부드럽게 먹을 수 있다. 그러나 1kg 전후의 대형은 2년간 절일 필요가 있다. 붕어를 소금 절임하는 동안 근육의 글리코겐의 일부가 유산발효하지만, 주로 본절임의 과정에서 반(飯)이 유산발효함에 따라 산이 생성되어 pH는 4.0 정도까지 저하한다. 어육의 단백질은 소금절임 중에 자기소화로 일부가 아미노산으로 분해되어 본절임 과정에서 아민류와 암모니아로 변하게 된다. 식염농도는 소금절임 시에는 10% 이상이었던 것이 본절임 시에 밥 쪽으로 이행하여 2~3%로 떨어진다. '후나즈시'에는 치즈냄새와 비슷한 독특한 냄새가 있는데 휘발성 연기성물질인 피페리딘, 암모니아, 트리메틸아민, 휘발성 산성물질은 초산, 낙산, 개미산 등이 동정(同定)되고 있다. 이것들이 혼합되어 '후나즈시'의 냄새가 생기는 것이라고 생각할 수 있다(石毛直道 1990, pp.35~37).

'후나즈시'는 조각을 내어서 팔기도 하지만, 대체로 한 마리씩 파는 경우가 많다. 비닐팩으로 밀봉한 암컷 한 마리분의 '후나즈시'는 16,000엔 정도에 구입이 가능하였고, 수컷은 한 마리에 10,000엔 정도였다(2006년 가을). 암컷에는 알이 배어 있기 때문에 고소한 맛이 월등하다. 발효과정에서 발생한 암모니아로 인하여 지독한 '발꼬랑내'와 유사한 냄새를 풍기기 때문에 '후나즈시'를 싫어하는 사람들이 훨씬 더 많다.

곡장의 대표주자로 인정되는 콩의 발효음식은 일본의 낫토나 한반도의 청국장과 함께 인도네시아를 비롯한 동남아시아에서도 상용되고 있음이 보고되었다. "템페(tempe) 케델레(kedele)는 인도네시아, 말레시아, 홀랜드, 캐나다, 서인도제도, 그리고 미국의 채식주의자들에 의해서 주로 소비되는 발효된 콩음식이다. 템페는 껍질을 벗기지 않고 물에 불린 반숙한 대두(soybean)가 발효된 것으로 만든 흰색의 두부 같은 것이다. 말린 바나나 잎으로 둘러싼 전통적인 템페의 덩어리는 인도네시아의 시장에서 흔히 볼 수 있다"(Steinkraus 1996, p.12). 동물성 단백질에서만 주로 섭취가 가능한 비타민B^{12}가 콩에서는 존재하지 않지만, 발효된 대두 속에서는 다량으로 생성되어 있음이 확인되었다. 즉 발효는 미생물과 사람의 합작품으로 제공되는 생물문화적인 선물인 셈이다. "리보플라빈은 두배, 나이아신은 7배, 비타민B^{12}는 33배 활동이 증가되었다. 리보플라빈, 나이아신, 피리독신, 비타민B^{12} 활동의 증가는 영양학적으로 지극히 중요하다. 서구에서는 소비자들이 비타민B^{12}를 우유나 고기로부터 얻지만, 채식자들은 주로 비타민 캡슐과 같은 B^{12}의 대체원을 찾아야만 한다. 템페는 단백질이 풍부한 대용육류로서 뿐만 아니라 비타민B^{12}의 잠재적 원천으로 제공되고 있다. 큐쓰와 비스핑(1993)은 템페가 발효하는 동안에 템페의 덩어리와 박테리아에 의해서 형성되는 비타민에 대해서 연구한 바 있다"(Andersson et al 1996, p.45)[1]. 한국의 청

---

1) 1g당의 대두와 템페에 함유된 비타민류의 비교(mg)(Andersson et al 1996, p.47)

비타민 종류	대두	템페
Riboflavin	3.0	7.0
Pantothenate	4.6	3.3
Thiamine	10.0	4.0
Niacin	9.0	60.0
B^{12}	0.15	5.0

국장의 분석에 있어서도 템페에 관한 연구의 결과와 유사한 논문이 발표되었음은 그리 놀라울 일이 아니다. "된장과 청국장의 원료인 대두와 발효되지 않은 대두제품인 두부에서는 비타민B^{12}가 검출되지 않아 된장과 청국장도 템페와 같이 대두가 발효하는 과정에서 미생물에 의하여 비타민B^{12}가 생성되었음을 확인할 수 있었다"(곽충실 · 황진용 · 와다나베 후미오 · 박상철 2008, p.444). 곡장이 어장을 대체하고 있음을 증명하는 대표주자가 곡장에서 등장하는 비타민B^{12}인 셈이다.

된장과 고추장의 제조방법 및 순서로부터 우리는 발효라는 과정의 중요성을 다시 한 번 더 확인하게 된다. 〈순창장류박물관〉의 설명의 설명에 따르면, 그 순서는 중간과정에서 두 가지의 방법이 있음을 알 수 있다. 콩(대두) 선별 및 세척, 침지, 냉각, ① [마쇄, 메주성형, 건조, 자연발효, 재래벽돌메주], ②[콩알, 균접종, 발효, 건조, 낱알형메주], 소금물혼합, 항아리에서 발효, 분리, 고체, 항아리, 숙성하는 두 종류의 과정이 있다. ①의 과정을 밟든, ②의 과정을 밟든 이중발효에 의해서 된장과 고추장이 만들어짐을 알수 있다.

어장과 곡장은 보존식품의 대명사이다. 이들의 기능은 장기간 보존에 국한되지 않고, 사람들이 섭취하는 일상적인 음식 속에 필수적으로 포함되어야 하는 영양소들의 제공과 아울러서 더욱더 중요하게는 맛을 내는 역할을 하고 있다. 맛을 내는 기능 즉 장류의 특성이 맛을 음식의 맛을 좌우하는 역할에 착안한 곳에서는 산업적인 방향의 개발이 진행되어온 점에 대해서도 주목할 필요가 있다.

장류 이외에도 세상에는 발효음식의 존재가 보존이라는 차원에서 충실하게 진행되는 사례를 얼마든지 발견할 수 있다. 사람이 사는 곳에는 보존식품이 없는 곳이 없으며, 보존식품의 중심에는 발효식품이 자리하고 있는 것도 처처의 살림살이를 이해함에 있어서 기본적인 시각이다. 환언하면, 음식민속지의 핵심에는 항상 발효과정이 자리하고 있다는 점에 주의하는 것이 장기간 참여관찰을 하는 인류학자들의 기본적인 입장이다. 편린의 자료들을 소개하면 아래와 같다.

제주도에는 '쉰다리'라고 불리는 토속음식이 있다. 일종의 식혜(食醯)라고 이해해야 할 것인데, 이것을 만드는 과정에는 반드시 누룩이 발효촉진제로 들어간다. 더운 날씨로 인해서 약간 쉰 밥이나 반찬으로 남은 콩나물과 같은 것들을 모두 하나의 항아리에 담아서 발효시킨 것이다. 음식을 먹다가 보면, 여러 가지 이유로 인해서 남게 되는 수가 있고, 남아 처진 음식은 보관 상태가 좋지 않은 경우에 상하게 마련이다. 차롱에 담아둔 남은 밥이 주 대상이 될 수밖에 없다. 약간 냄새가 나는 정도의 상태인 밥은 모두 쉰다리를 만드는 원료이기 때문에, 아주 형편없이 쉬어 버린 밥은 전혀 발견되지 않는다. 차롱은 항상 사용하는 왕골이나 대 또는 억새로 만든 바구니의 일종이기 때문에, 차롱에 담긴 남겨진 밥이 쉰 상태로 발견되는 것은 약간의 변질을 의미한다. 제주도 주민들은 그것을 버리지 않고 약간 분홍빛이 도는 '쉰다리'라는 보존음료를 만든다. 분홍빛이 도는 것은 곡물이 약간의 발효를 시작하면서 발생하는 빛깔이다. 미생물의 작용을 정확하게 이해하고 있는 주민들의 지혜인 셈이다.

시베리아의 제민족에는 '키스라야·르이바'(산미어, 酸味魚)라고 부르는 굴 속에 보존하는 생선이 있다. 캄차카반도 동안(東岸)의 코략족은 지면에 가로·세로 1.5미터 정도의 굴을 판다. 굴의 바닥과 벽면에 나무껍질을 둘러친다. 굴의 천정에는 몇 개의 막대기를 걸치고 그 위에 풀을 두텁게 씌운다. 천정의 한 가운데 생선 한 마리가 들어갈 정도의 구멍을 남긴다. 이 구멍으로 잡은 생선들을 떨어뜨리고 가득차면 진흙으로 구멍을 막는다. …전혀 가공하지 않은 채로 저장해두면 생선은 발효하게 된다. 이른 봄에 먹을 것이 없어진 시기에 뚜껑을 연다. 유카기르족은 환절기에 잡은 기러기를 이러한 방법으로 저장하고 츄코트 반도의 축치족은 해표의 가죽 주머니 속에 넣은 생선을 굴 속에 저장하는 방법을 갖고 있다. 캄차달족은 연어를 흙 속에 3~4개월간 저장하는데, 마지막에는 연어가 진득진득하게 되어 국자로 퍼야 하는 상태가 된다. 영구동토 지대에서 굴 속에 생선이나 조수육(鳥獸肉)을 저장하여 보존식(保存食)을 마련하는 방법인 셈이다(石毛直道 1990, pp.289~290).

굴의 모습은 마치 오십 여 년 전 우리 집의 뒷마당에 보관하던 배추와 무를 위한 겨울동안 사용하는 토굴과 비슷하다. 이러한 굴의 형태는 중앙아시아의 고려인들이 동절기의 보존식을 위하여 반드시 제작하는 공간인 지하갱과도 유사한 모습이다. 단백질이 부패하지 않고 발효한다는 것은 특별한 조건이 마련되어 있음을 의미한다. 예를 들면, 시베리아의 툰드라와 타이가 지역의 대기권과 수문권의 특수성에 의한 발효일 수도 있고, 굴 속의 벽과 바닥 및 천정에 미리 붙여두는 나무(주로 자작나무)의 껍질에서 분비되는 물질 또는 해표의 가죽이 포함하고 있는 물질에 의한 영향일 수도 있다. 이러한 방식이 모두 미생물과 사람의 노력에 의해서 고안된 천우신조의 보존 방법이라고 이해한다면, 그것은 분명히 생물문화적인 현상이라고 말할 수 있다.

사람들이 보존식을 만들어서 저장하는 목적은 안정된 식량의 공급에 있다고 생각된다. 자연환경의 진행과정에 대한 지식을 기반으로 하여 습득한 예측력이 식재공급의 불안정성을 보완하려는 의도에서 시도한 것이 발효를 통한 보존식의 확보라는 생각이 든다. 물론 발효라는 과정에서 발생하는 귀한 영양소들의 확보라

는 측면도 포함되어야 할 것이다. 발효에 의하지 않으면 확보할
수 없는 영양소의 획득이 보존식의 이면에 포함되어 있음은 지극
히 중요한 사안이다. 시기별로 부족한 음식의 예측에 의한 준비
와 결핍 가능한 영양소의 획득을 위한 준비는 모두 발효에 의한
보존식의 특장이라고 결론지을 수 있다. 환언하면, 보존식은 보
완의 의미를 지닌다. 보완이란 메커니즘을 달성하게 하는 보존식
은 신체와 영양의 완전을 추구하는 인간의지의 실천을 가능하게
하는 징검다리의 과정인 셈이다.

Ⅳ. 알코올 발효의 接神: 酒

나바호 인디언들은 미국 남서부의 사막지대에 거주한다. 그들
이 거주하는 집의 한쪽 귀퉁이에는 반지하의 수혈장소 같은 곳이
있다. 이곳을 그들은 '키바'라고 부르며, 일종의 성소이기도 하다.
이 성소에서 기도를 올리는 집주인은 짐슨위드(jimsonweed)와
같은 사막의 선인장 종류로부터 채취한 최음제를 접신용으로 사
용한다. 접신을 하기 위해서는 맨정신으로 되는 것이 아니라 환
각을 일으키는 몽롱한 상태를 유지해야 한다. 그렇게 하기 위해
서 사막에서 채집한 선인장의 씨앗을 이용하는 것이다. 이러한
형태의 종교적인 의례는 서아프리카와 브라질의 샤머니즘적인
깐돔블레에서도 거의 유사하게 진행된다. 최음제를 포함하는 각
종 초본류를 말려서 의례를 진행하는 장소에 참가하는 사람들이
담배를 피우듯이 이용한다. 의례옥(cabana de candomble)은 연
기로 자욱하고 구석구석에서 몸을 비틀면서 눈의 흰자위가 나오
도록 뒤집어진 상태로 바닥에 드러눕는다. 다음 온 몸에 경련을
일으킨다. 담배를 빨듯이 빨대를 빨아들이면 금방 정신이 몽롱해

짐을 감지할 수 있다. 그리고 머리 주변에서 별들이 반짝이는 듯한 느낌을 갖게 된다. 이제 접신이 가능한 상황에 도달한 셈이다.

최음제를 사용하는 대신에 술을 사용하는 곳들이 훨씬 많이 보고되어 있다. 중국의 『재서(齋書)』에는 "효(酵)"에 대한 설명으로서 "祭天太廟起麵餅"라는 문구가 나온다. 제천과 태묘의 의례 시에 면과 떡을 부풀러 올리는 것을 의미하는 것이 효(酵)자에 대한 설명이다. 누룩의 기능을 말하는 것으로 이해할 수 있다. 효(酵)에 의해서 술이 만들어지면, 그 술로 조상과 천신을 위로하는 제사를 지내는 것이 동아시아 사회의 일반적인 접신의 방식인 셈이다. 부족의 조상신을 불러내는 몽골의 무당들은 끊임없이 술을 마신다. 흑룡강(아무르강) 유역에 거주하는 으르첸이나 허전(혁철족, 赫哲族)의 무당도 접신을 위한 의례 시에는 끊임없이 술을 마신다. 술이 신과 인간을 매개하는 역할을 하는 것으로 이해된다.

페루의 뿌노(Puno)는 티티카카 호반에 자리 잡은 인구 2만 명의 소도시이다. 페루 쪽 티티카카의 연안에서는 가장 큰 도시이기도 하다. 뿌노에서 한 시간 배를 저어 들어가면, 우로스(uros)다. 물위에 떠 있는 마을(floating island village)의 대명사인 우로스다. 해발 4천 미터의 일상생활은 그렇게 쉬운 과정이 아니다. 해발 4천 미터에서 자랄 수 있는 작물은 그리 많지 않다. 감자가 고작이다. 그래서 주식은 얼렸다 녹았다 말렸다를 반복한 감자로 처리한 츄뇨(chuno)다. 옥수수와 코카잎은 저지대로부터 수입해 와야 한다. 야마와 알파카의 털이 교역을 위한 수단이 된다. 해만 지면 후두둑 떨어지는 해발 4천미터의 얼음비는 여름에도 차갑기가 그지없다. 1986년 11월 하순, 나는 치차(chicha)로 발효된 몸을 도토라의 짚단 속에 끼어 넣고 별빛 아래의 하룻밤을 물새들과 함께 지낼 수가 있었다. 거의 매달 한 번씩 개최되는 피에스타(축제)는 안데스의 산자락과 티티카카 호반에 거주하는 아이마라 사람들의 희망이요 즐거움이다. 피에스타 없는 안데스는 생각할 수도 없다. 성인을 추모하는 각종 피에스타 과정에 필수적으로 개입되는 것이 치차이다.

치차는 도수가 2~12도 정도로 다양하다. 사람이 침으로 하지 않는 경우는 옥수수 알갱이를 싹을 내어서 아밀라아제를 생산하는 방식을 취한다. 가장 보편적인 치차의 제조방식은 침과 몰팅을 혼합하는 것이다. 잉카시대에 치차는 대지의 생산력을 통하여 신과 사람이 연결되도록 하는 고리로서 간주되었다. 이 지역에서 옥수수가 종교적/주술적 의미를 지니는(Atacador-Ramos M. 1996, p.402) 이유가 바로 옥수수가 치차의 원료이기 때문이다. 옥수수가 아니면 사람이 신을 만날 수 없다는 생각이 기초하고 있다.

그래서 안데스에서의 치차는 접신용의 술로 이해되는 것이다. 치차를 마시고 잔뜩 취한 사람들은 성인의 영혼들과 만남으로서 힘을 얻고, 성인의 영혼들과 함께 마귀들을 쫓아내는 축귀주술을 행한다. 이것이 피에스타의 절정에서 이루어지는 과정이다. 즉 치차가 없는 안데스의 피에스타는 생각할 수가 없다. 그 치차라는 알코올이 만들어지는 과정에 개입된 것이 발효인 것이다. 자연과 사람이 만나서 제조해내는 발효주는 안데스 축제의 핵심이라는 이해가 필요하다. 안데스의 옥수수를 원료로 한 술이 치차라고 불리는 것이지, 다른 옥수수로 만든 술은 치차라고 불리지 않는다. 옅은 우유빛의 술은 알코올 도수가 그렇게 높지 않다. 옥수수의 심으로부터 알갱이들을 분리해내기 위해서 부인들과 어린이들은 입으로 물어뜯는 방식을 선호한다. 손가락으로 알갱이들을 뜯어내는 것은 쉬운 작업이 아니다. 입으로 알갱이들을 물어서 뜯어내는 과정에 자연스럽게 사람의 아밀라아제가 듬뿍 담긴 침이 섞이게 되고, 침은 전분을 발효가 가능한 당분으로 전환시킨다. 침이 가미된 옥수수 알갱이들을 일단 어느 정도 건조시키게 되면, 나중에 자연 속의 이스트가 당분을 알코올로 전환시키는 역할을 한다. 그렇게 되면, 치차가 탄생하는 것이다.

그래서 안데스의 피에스타는 미생물과 사람과 신이 함께 만나는 장이라고 이해해야할 것 같다. 미생물의 힘이 없이는 치차의 생산이 불가능하고, 치차가 없으면 접신이 되지 않는 피에스타를 생각하면, 안데스의 꿰추아(Quechua)나 아이마라(Aymara) 사람들은 미생물과 신의 중개자 역할을 한다고 말할 수도 있다. 미생물에 의해서 발효된 치차를 마신 꿰추아와 아이마라 사람들은 치차의 생화학 작용으로 몽롱해진(발효된) 과정 없이 접신을 할 수가 없다. 즉 발효 없는 피에스타는 생각할 수 없는 것이다.

페루의 아마존 밀림지대에 거주하는 과라니(Guarani) 말을 하는 원주민들이 조상제례와 손님접대용으로 만드는 술은 마사도(masado)라고 한다. 만지오까(매니억)를 원료로 하며, 부인들이 만지오까를 씹어서 독에 모아 두면 술이 된다. 색깔은 안데스의 치차처럼 막걸리와 유사하다. 안데스에서 치차를 만들기 위해서 옥수수 알갱이를 긁기 위해서 잇빨을 사용하는 것과는 달리, 아마존 밀림에서 마사도를 제조하는 방법은 만지오까 뿌리를 부인들이 질겅질겅 씹어서 항아리 속에 뱉어 두는 것이다. 마사도의 맛은 부인들이 질겅질겅 씹는 과정에서 듬뿍 함입되는 침이 만지오까의 발효를 담보하는 것이다. 안데스의 치차가 만들어지는 과정과 비교하면, 마사도가 만들어지는 과정에 포함되는 아밀라아제의 양은 훨씬 더 많음을 알 수 있다.

일본의 신사는 지연공동체의 신앙적 상징이다. 산구현주방대도정평야(山口縣周防大島町平野)의 씨신(氏神) 지원신사(祇園神社)의 여름 제사는 마을 주민들에 의해서 주민들 중에서 선출

되는 두옥(頭屋)에 의해서 주재되며, 두옥의 집에서는 반드시 제
사에 올리는 감주(甘酒)를 마련한다. 두옥은 제사에 사용되는 비
용과 물자를 모두 책임지고 모든 절차를 담당하기 때문에 상당한
부담을 지는 것도 사실이지만, 두옥으로 선출된다는 것은 지역정
치의 소산이기도 하다. "두옥은 반드시 감주를 준비하며, 본제(本
祭)가 올려진 다음에 참여하는 사람들에게 분배된다. 감주(甘酒)
는 영력(靈力)이 있으며, 마신 사람은 여름에 발생하는 질병으로
부터 안전할 수 있다고 믿는다. 1977년까지 두옥제(頭屋制)로 실
시되던 신사의 여름 제사는 현재 區長을 중심으로 치러지고 있
다"(印南敏秀 2008.9.10., p.165). 신사의 제사에 헌작되는 감주
가 영력이 있다는 믿음은 접신(接神)의 차원을 넘어선 발효의 종
교적 기능을 증언하기에 충분하다. 영력을 가지고 있는 감주를
마신 사람의 몸이 질병을 퇴치하는 힘을 갖게 된다는 신앙은 감
주를 마신 사람의 몸이 신적인 영력을 가지게 된다는 것을 말한
다. 즉 감주의 영력에 의해서 사람의 몸에 신이 깃들게 하는 힘을
갖게 된다는 신앙의 영역에서 우리는 발효라는 현상을 만날 수
있다.

　접신을 위해서 고안된 알코올을 대체하는 화학물질이 흔히 우
리들의 주변에서 소비되는 "소주"라는 것이다. 그것은 미생물과
사람이 공동연출한 작품이 아니다. 식민지 시기에 전매제를 통해
서 세수를 증식시키기 위한 방법으로 고안된 화학 "소주(燒酒)"
는 두 가지 의미를 지닌다. 첫째, 술을 마시는 목적이 접신에 있
다는 점을 감안한다면, 발효가 아닌 화학소주는 사람들로 하여금
진정한 의미의 접신을 못하도록 하는 것이다. 식민지의 의례생활
을 변질시킨다는 말이다. 의례라는 것은 미생물에 의해서 발효된
술을 마신 사람이 신을 만나는 과정 즉 신과 사람 그리고 미생물
이 만나는 장이 의례인 셈이다. 그런데 미생물에 의해서 취한 것

이 아니라 화학약품에 의해서 취한 사람이 접신을 하는 것을 신의 입장에 본다면, 원래 약속된 삼자의 만남이 어긋난 셈이다. 둘째, 화학적으로 제조된 소주에 맛을 들인 한국인들은 술에 관한 한 아직도 식민통치의 그늘을 벗어나지 못하였다고 말할 수 있다. 술은 반드시 발효과정을 거친 것이라야 하는 이유는 접신이라는 목적이 있기 때문이다. 그 목적을 대체해버린 식민통치용의 알코올은 접신용이 아니라 단순한 지배용이라는 점을 완벽하게 잊어버린 소주애호가들을 가련히 여길 수밖에.

신과 약속한 의례의 과정에는 반드시 미생물의 참여를 우선해야 하는 것이 사람의 도리이다. 아리스토텔레스의 과학과 철학에서 제안한 제5의 물질(흙, 물, 불, 공기의 4원소에 이어서)인 "quinta essentia" pneuma가 라틴어로는 spiritus가 된 점에 새삼 공감하게 된다(Fruton 1972, p.24). 영어의 spirit는 "기운을 돋우어 주다, 고무하다" 등의 뜻을 담고 있다. 또한 spirit는 주정(酒精)이라는 의미를 지니고 있다. 중세 유럽 사회에서 주정을 만드는 과정(지금도 마찬가지이지만)은 포도를 으깨어서 보관하는 일 뿐이었다. 그 과정을 중세의 연금술사들은 "fermentatio"라고 했으며, 그 과정을 가능하게 하는 중간자를 "fermentum"이라고 이름하였다(Fruton 1972, p.25). 그 역사가 현대의 생화학이란 학문에 연결되고 있음은 그리 크게 놀랄만한 일이 아니다. 접신을 위해서는 발효의 과정이 필수적이라는 것이 공시적으로나 통시적으로나 인류사회의 공통된 삶의 과정임을 새삼 느끼게 된다.

알코올 발효라는 과정을 통하여 사람들이 달성하려는 목적은 무엇일까? 그것은 신을 만나는 것이었다. 접신하려는 이유는 무엇일까? 정신적인 완성을 추구하는 방법이 아니었을까? 일상적인 삶을 통한 삶의 실천에서 부족한 부분을 보완하려는 의도가 접신에 있는 것이 아닐까? 따라서 접신이란 정신적인 삶의 완성을 추구하는 과정에서 필수적인 요인이라고 고려되었고, 접신을 위한 도구적 수단으로서 동원된 것이 spirit(주정, 酒精)이라는 결론을 내릴 수 있다. 즉 발효는 정신적 삶의 완성도를 추구하기 위한 보완의 의미를 담고 있다고 말할 수 있다.

   V. 結語: 발효의 共進化論

   인간이 문화라는 적응기재를 발명한 이래, 문화는 인간을 포함하는 자연의 생물학적 질서를 벗어난 위치에 존재하는 것으로 이해되어 왔다. 상징으로 대표되는 문화는 생물학적 현상에서는 전혀 발견될 수 없는 것임에 분명하다. 문화와 생물학은 별개의 장르로 존재하는 것처럼 이해되어온 것이 인문학과 자연과학의 경계긋기라는 틀이 제공한 사고방식이자 학문 이데올로기의 산물이라고 생각된다. 그러나 인간의 영역이 자연의 영역과 전혀 별개로 존재하지 않는 것이 분명하다는 점을 인식한다면, 인간이라는 영역에 공존하는 자연과 문화의 현상에 대해서도 문제제기를 할 여지가 있다. 그것이 공진화(coevolution; Durham 1992)라는 이름으로 정리된 것이다.
   의료와 생리의 현상에서 이미 검증을 마친 공진화의 개념과 논의를 바탕으로 하여 공진화 논의의 영역을 확장해보는 것이 통합과학의 시행모델로서 가능한 방향이라고 생각한다. 의료와 생리 현상에 이어서 다음 단계로 발효음식과 관련된 현상이 그 대상이라고 생각되며, 발효음식의 논의는 미시적인 유전자 차원과 문화가 만나는 공진화의 영역을 미생물과 사람 그리고 생태계의 영역으로 확장할 수 있는 바탕을 제공할 수 있다. 어장과 곡장 그리고 술을 포함한 발효의 생태학과 문화론을 결합하면, 경계를 넘어서려는 도전의 고집과 월경 후에 발생하는 새로운 현상에 대한 적응의 면역이 새로운 종류의 음식을 개발하는 문화 창조의 원동력이 되었다는 점이 인정할 수 있다.

보존식품을 획득함에 있어서 사람이 개입하지 않는 발효현상도 있지만, 사람이 개입하는 발효현상도 있다. 미생물에 의한 발효과정에 사람이 개입하는 부분(지식과 행동을 모두 상정함)을 우리는 생물문화적인 현상으로 설명해야 한다. 미생물의 생물학적 작업과 사람의 지식에 의한 문화적 작업이 결합하여 결과적으로 만들어내는 유산발효의 결과인 식해와 된장 그리고 멸치젓과 같은 발효음식은 생물문화적으로 설명이 가능하다는 입장이다. 또한 사람은 술이라는 알코올 발효의 효능에 힘입어서 접신을 경험하는 종교적 또는 축제적 의례를 수행한다. 사람은 신을 위하여 미생물의 힘에 의존하지 않으면 안 되는 존재인 셈이다. 신과 미생물의 사이에 존재하는 사람에 의해서 종교와 축제라는 의례의 연행이 가능해진다. 따라서 보존과 접신의 과정은 모두 발효를 기초로 하는 생물 문화적 현상이라는 결론이 가능하다.

보존식을 구성하는 장류들은 사람의 신체와 영양의 완성을 지향하는 수단으로 획득된 음식들이다. 그것은 양적으로 모자라는 음식을 보완하는 기능을 할 뿐만 아니라 질적으로 모자라는 영양소의 제공에도 커다랗게 기여하고 있다. 말하자면, 보존식은 사람이 살아가기 위해서 섭취하는 음식의 완성도를 높여주는 보완의 의미를 담고 있다고 결론을 내릴 수 있다. 장류의 보존식이 물질적인 차원의 보완을 의미한다면, 접신을 위한 알코올은 정신적인 차원의 보완을 의미하는 것이라고 이해할 수 있다. 따라서 발효의 궁극적인 의미는 정신과 신체라는 양 측면에서 삶의 완성도를 제고하는 보완의 수단이라고 말하고 싶다.

나는 이 글을 레비-스트로스 선생의 구조주의가 기반하고 있는 이원론적 사고의 결함을 지적하면서 시작하였다. 프랑스의 스트라스부르그 대학 학부 강의 중 인류학과 학생들이 강의시간에 치즈(프로마즈)를 토론의 대상으로 제기하면서 벌어졌던 에피소드 한 가지를 전해준 오정호 박사의 증언이 흥미롭다. 레비-스트로스의 제자로서 구조주의자인 담당교수가 음식을 '썩은 것'과 '썩지 않은 것(pourri/non pourri)'으로만 구분하였기에, 치즈의 문제를 제기한 학생들로부터 곤욕을 치렀던 경험담이다. 한없는 매력을 갖고 있는 구조주의이기도 하지만, 간단하게 거부되기도 하는 면모를 가진 것이 구조주의이기도 하다.

'날 것'과 '썩은 것'이란 이항대립의 밖에 엄연히 존재하는 '삭힌 것'에 대한 인식은 이항대립의 부족분을 보완하는 의미를 지니고 있다고 생각한다. '삭힌 것'이 제공하는 삶의 의미를 생각하면, 레비-스트로스 선생의 구조주의가 완성되기 위해서는 이항대립의 도식이 완결점이라는 주장을 포기해야할 것이라고 믿는다. 만약에 구조주의와 미생물발효를 다시 이항대립의 각각 항에 두고 더 큰 이항대립의 그림을 그리고 구조주의의 정당성을 방어하려고 한다면, 그것은 궤변에 지나지 않을 것이다. 진정으로 레비-스트로스의 구조주의를 사랑하는 학자라면, 발효라는 문제의식을 시발점으로 하여 구조주의의 기본적인 가정을 전면적으로 재검토하는 겸허함이 새로운 출발일 수 있다고 생각한다. 사람의 삶은 이항으로만 구성되는 것은 아니고, 더군다나 삶의 작동은 더욱 더 아닌 모양이다. 중간자가 있어야 하고, 제삼의 존재가 인정되어야 하는 것이 사람의 삶이라고 생각하게 하는 것이 레비-스트로스의 이항대립과 미생물이 제공하는 생화학적 발효의 결합에서 얻어지는 지혜의 하나라고 생각한다.

이러한 생물문화적 현상에 대한 이해의 시도가 통합과학의 시행모델을 위한 첫 단추끼기가 될 수 있다는 신념을 필자는 갖고 있다. 발효라는 생화학적 과정이 의례적인 문화에 개입되는 과정을 제대로 이해하고 실천하는 것이 억압적 식민지배의 경험을 청산하는 과제임을 알게 된 것도 본고를 작성하는 과정에서 얻은 부산물이다.

추고: 이 글의 원출전은 다음과 같습니다. 2010년 4월 30일 발행된 『비교민속학』 41, pp.223~252. 원출전의 글을 일부 수정하였습니다.

::참고문헌::

곽충실 · 황진용 · 와다나베 후미오 · 박상철, 「한국의 장류, 김치 및 식용 해조류
　　를 중심으로 하는 일부 상용 식품의 비타민 B^{12} 함량 분석 연구」, 『한국
　　영양학회지』, 2008, 41(5): 439-447.

김경희 · 조희숙, 「시판 홍어김치의 이화학적 및 미생물학적 특성」, 『한국식생활
　　문화학회지』, 2008, 25(2): 235-242.

전경수, 『환경친화의 인류학』, 서울: 일지사, 1997.

조희숙 · 김경희 「시판 발효 홍어의 품질특성」, 『한국식생활문화학회지』, 2008,
　　23(3): 397-402.

石毛直道, 『魚醬과 食醢의 硏究: 몬순 · 아시아의 食事文化』, 東京: 岩波書店,
　　1990(한국어 번역판. 金尙寶 서울 修學社, 1995).

印南敏秀, 『傳統社會의 米と魚: 神饌と贈答の甘酒と鯛』, 佐藤洋一郎 編 米と魚,
　　東京: ドメス出版. 2008.9.10., pp.152~175.

許浚, 1613, 『東醫寶鑑』.

Andersson et al, "Indonesian Tempe and Related Fermentations: Protein-
　　Rich Vegetarian Meat Substitutes", *Handbook of Indigenous
　　Fermented Foods*, ed. by Keith H. Steinkraus. New York: Marcel
　　Dekker, 1996, pp.7~110.

Atacador-Ramos M. & et al., "Indigenous Fermented Foods in Which
　　Ethanol Is a Major Product", *Handbook of Indigenous Fermented
　　Foods*, ed. by Keith H. Steinkraus. New York: Marcel Dekker.,
　　1996, pp. 363~508.

Bulan Phithakpol, 「Fish Fermentation Technology in Thailand」, *Fish
　　Fermentation Technology*, eds. by Cherl-ho Lee, Keith Steinkraus,
　　Alan Reilly. Tokyo: United Nations University., 1993, pp.155~
　　166.

Durham, William, *Coevolution: Genetics, Culture, and Human Diversity*.
　　Stanford: Stanford University Press, 1992.

Fruton, Joseph S., *Molecules and Life; Historical Essays on the Interplay
　　of Chemistry and Biology*. New York: John Wiley and Sons,
　　1972.

Steinkraus, Keith H., "Comparison of Fermented Foods of the East and West", *Fish Fermentation Technology*, eds. by Cherl-ho Lee, Keith H. Steinkraus, P.J. Alan Reilly. Tokyo: United Nations University Press., 1993, pp.1~12.; "Introduction to Indigenous Fermented Food", *Handbook of Indigenous Fermented Foods*, ed. by Keith H. Steinkraus. New York: Marcel Dekker., 1996, pp.1~5.

Trofimov, Yaroslav. "As a Cheese Turns, So Turns This Tale Of Many a Maggot : Crawling With Worms an Illicit, Sardinia's Ripe Pecorinos Fly In the Face of Edible Reason". *Wall Street Journal(Eastern Edition)* 236 (37): A1., 2000.10.23.

제주 소주를
이해하기
위하여

허시명
(막걸리학교 교장, 술평론가)

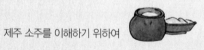

제주 소주를 이해하기 위하여

제주 소주를 이해하기 위하여

I. 한국 소주의 위상

우리나라를 대표하는 술이 무엇인가? 물으면 답하기가 쉽지 않다. 프랑스 와인, 독일 맥주, 영국 위스키, 일본 사케, 중국 마오타이, 러시아 보드카처럼 국민적 합의가 이뤄진 술이 우리에겐 없다. 막걸리? 소주? 정도에서 머뭇거리는 사람도 딱히 어떤 제품을 제시하지 못한다.

이럴 땐 외국으로 나가보면 쉽게 답을 찾을 수 있다. 한국이 가장 많이 수출하는 술은 소주다. 진로는 세계 증류주 시장 판매량 1위를 차지했고, 진로와 두산은 일본의 희석식 소주 시장에서 매출액 1~2위를 다투고 있다. 국내에서 가장 많이 소비되는 알코올 또한 소주다. 판매량이나 판매액에서는 맥주가 더 많지만, 알코올 소비량에서는 소주가 더 많다. 외국인 노동자들도 김치와 된장찌개 맛을 알면 기본이고, 소주에 삼겹살을 즐길 때라야 비로소 한국을 알았다고 이야기할 정도다.

그런데 천 원짜리 소주가 한국을 대표할 수 있을까? 소주가 한국을 상징한다지만, 아직 한국을 대표하진 못하는 것이다. 값싼 소주만 부각되다보니 생겨난 문제다. 그렇다면 소주는 싸기만 한 술인가? 그렇진 않다. 진로소주만 하더라도 1960년대 전반까지는 '고급소주진로'라고 선전을 했다. 진로를 포함한 많은 소주

회사들이 1960년대 중반에 증류식 소주에서 희석식 소주로 전환하면서, 고급 소주로부터 멀어진 것이다.

조선시대의 소주는 주로 반가에서나 내려먹던 귀한 술이었다. 조선시대 소주는 청주나 탁주를 원료로 만드는데, 청주 서너 병이 있어야 소주 한 병 정도를 만들어 낼 수 있으니 귀한 대접을 받은 것은 당연한 일이었다.

소주에는 크게 두 종류가 있다. 희석식 소주와 증류식 소주다. '참이슬'이나 '처음처럼' 같은 술이 희석식 소주이고, 전통 소주인 안동소주나 문배주는 증류식 소주에 들어간다.

희석식 소주와 증류식 소주의 특징을 살펴보면, 만드는 방법과 재료에서 차이가 있다. 증류식 소주인 문배주, 안동소주, 진도홍주 따위는 재료가 분명하다. 문배주는 좁쌀누룩과 수수를 쓰고, 안동소주는 밀누룩과 멥쌀을 쓰고, 진도홍주는 쌀과 보리쌀과 보리누룩을 쓴다. 희석식 소주는 아열대지방에서 나는 타비오카를 주로 쓰는데, 근자에는 거칠게 증류한 조주정을 수입해온다. 전분이 함유된 식물성 재료라면 어떤 것이라도 희석식 소주의 재료가 될 수 있는데, 가장 저렴한 재료를 그때그때 구입해서 사용한다. 희석식 소주는 연속 증류하여 순도 95% 에틸알코올을 만들어 물을 희석하여 제품을 만든다. 증류식 소주는 한두 차례 증류한 그대로를 숙성시켜 제품화시킨다. 사실 증류식 소주와 희석식 소주를 나란히 놓고 비교하는 것은 적절하지 않을 수 있다.

하지만 소주라는 같은 이름을 쓰고 있으니 비교 대상이 되는 것은 어쩔 수 없다. 희석식 소주는 무색무취를 지향한다. 증류식 소주는 곡물이 발효될 때에 지니고 있던 향기와 맛을 담고 있다. 그래서 증류식 소주는 재료에 따라 향기와 맛이 다르다. 희석식 소주는 인공감미료로 맛을 낸다. 증류식 소주는 감미하지 않고, 곡물의 순수한 맛을 추구한다.

이 글에서는 소주의 변천사와 소주 회사의 현황을 중심으로 소주를 살펴보려고 한다. 그리고 한국 소주의 다변화를 위해서 필요한 몇 가지 사항도 지적해보고자 한다.

II. 소주의 도입사

한반도 소주가 전래된 것은 고려시대 몽고의 지배를 받았을 때라는 게 정설이다. 몽고의 한반도 지배 시기는 고려 원종 5년(1264)부터 공민왕 16년(1367)까지다. 1170년 무신난으로 벼슬살이의 꿈이 깨진 임춘이 술을 소재로 「국순전」을 썼는데, 이 가전체소설에서는 소주가 등장하지 않는다. 그리고 술을 소재로 「국선생전」을 짓고 술 없이는 시조차 짓기 어려웠다는 이규보(1168~1241)의 글에도 소주가 등장하지 않는다.

구체적으로 소주 전래 시기를 추정해보면, 몽고 풍습이 고려왕실을 중심으로 본격적으로 전파되기 시작한 충렬왕(재위 1274~1308) 무렵으로 추정된다. 충렬왕은 고려왕으로는 처음으로 원나라 공주와 혼인하고, '충'자 돌림의 시호[1]도 처음으로 받았다. 충렬왕 7년에 제2차 일본 정벌 때에는 충렬왕이 왕비인 제국대장공주와 경상도 안동 행궁에서 한 달 이상 머물면서 전황을 보고 받았는데, 이 무렵에 안동지방에 소주가 터 잡게 된 것으로 추정된다.[2]

소주(燒酒)라는 용어는 『고려사』 우왕 원년(1375)에 처음 등

---

1) '충'자 시호를 받은 고려왕으로 충렬왕, 충선왕, 충숙왕, 충혜왕, 충목왕, 충정왕이 있다.
2) 배영동, 「안동소주 생산과 소비의 역사와 의미」, 『지방사와 지방문화』 제9권 2호, 2006.

장한다. "사람들이 검소할 줄 모르고 소주나 비단 또는 금이나 옥 그릇에 재산을 탕진하니 앞으로 일절 금한다"고 했다. 우왕 2년 에는 경상도원사 김진(金縝)의 무리가 임지에서 기생을 불러다 놓고 주야로 술을 즐기는데 소주를 좋아하여 군중(軍中)에서 소 주도(燒酒徒)라 불렸다고 한다. 이 때문에 김진은 근무가 태만하 여 왜구들과 싸워 패하기도 했다.

조선을 건국한 이듬해인 태조 2년(1393) 『조선왕조실록』에는, 태조의 장남인 진안군 이방우가 "성질이 술을 좋아하여 날마다 많이 마시는 것으로써 일을 삼더니, 소주(燒酒)를 마시고 병이 나 서 죽었다"고 기록되어 있다. 조선시대에는 금주령이 자주 내리 고, 소주를 먹어서 죽은 관리들의 얘기가 『조선왕조실록』에 종종 나오는데, 조선 후기에는 술은 곡식을 축내는 사치스런 것이라 하여 정약용은 소줏고리를 없애자는 얘기를 꺼내기도 했다.

소주의 도입에 대해서 허준의 『동의보감』(1611), 이수광의 『지봉유설』(1613), 서유구의 『임원경제지』(1827)에서 원나라로 부터 시작되었다고 기록하고 있다. 다만 이규경의 『오주연문장전 산고』(1850년경)에는 "소주는 원나라 때부터 중원에 널리 알려 졌으며 서남방의 나라에서 들어왔다고 말하고 있으나 당나라 때 이미 있었던 것이 명백하다"고 남방도래설을 얘기하고 있다. 하 지만 이 때문에 한반도 소주의 도입 시기가 앞당겨지는 것은 아 니다.

우리나라에서 이름난 지역 소주로, 개성소주, 안동소주, 진도 홍주, 제주소주, 법성포소주를 꼽을 수 있다. 이들 소주를 이야기 할 때 한결 같이 몽고의 영향을 거론한다. 개성은 고려의 수도였 고, 진도와 제주는 삼별초 항쟁 속에서 몽고의 영향을 많이 받았 던 지역이다. 안동은 일본원정 때 충렬왕이 한 달간 머물고, 홍건 적의 침입 때 공민왕이 70일간 머물면서 소주가 정착된 것으로 추정된다. 법성포는 조선시대 영산포와 더불어 해상으로 한양과 연결된 전라도의 대표적인 조창이자, 조기 파시로 흥성했던 곳이라 소주가 많이 유통되었다. 이들 중에서 민간에 전승되고 있는 소수는 진도홍주와 법성포소주 뿐이다. 안동소주는 민가에서 찾아보기 어렵고, 4군데 양조장에서 제품을 생산하고 있는 실정이다.

사실 소주는 한반도 북쪽 지방에서 많이 소비되던 술이다. 1929년에 경성상공회의소에서 간행한 『조선경제잡지』를 보면, "조선 소주는 고래(古來) 북선(北鮮) 및 서선(西鮮) 지방에서는 일 년을 통하여, 남선(南鮮) 지방 및 중선(中鮮) 지방에는 여름의 음료로서 주류계에서 무게를 두고" 있다고 했다. 북선과 서선은 북쪽과 서쪽 평안도 지방을 이르고, 남선과 중선은 남부와 중부 지역을 이른다. 북쪽은 춥기 때문에 소주를 주로 즐겼고, 남쪽은 따뜻한 편이라 탁주나 청주를 즐겼는데 여름이면 상하지 않는 소주를 종종 내려마셨던 것이다.

남한에 널리 알려진 북한의 들쭉술은 1960년대에 개발되었고, 그밖에 평양소주, 개성인삼주 등이 있지만 북한의 식료공장에서 제조하는 것이라 다양한 지역성을 관찰하기가 쉽지 않다. 다만 남쪽에서 국가지정문화재로 지정된 유일한 증류주인 문배주가 평양술이고, 희석식소주 세계 1위 매출을 기록하고 있는 진로가 평양남도에서 시작했다는 사실로 미루어 북쪽 소주가 세다는 것을 짐작해볼 수 있을 뿐이다.

Ⅲ. 소주의 산업화 과정

술의 산업화는 강화도조약 이후 일본거류민들이 한반도에 들어와 살면서 시작되었다. 개항을 한 인천, 부산, 마산, 군산 등지를 중심으로 일본인들을 위한 양조장들이 생겨났고, 그 양조장의 근대적인 공법 또는 일본식 공법을 배워서, 술을 상업화하는 조선인도 늘어나게 되었다.

1884년에 부산에 최초의 일본 양조장이 생겼는데, 일제 강점기 주도(酒都)라 불린 마산 지역의 상황을 살펴보면 이렇다. 1899년에 마산이 개항되고, 한일병합이 되던 1910년까지 마산으로 이주해온 일본인이 5,941명이었다. 1904년에 아즈마다다오(東忠男)가 마산에 처음으로 아즈마(東) 청주양조장을 세웠다. 마산에서 가장 먼저 세워진 공장이었다. 1905년에는 이시바시(石橋) 양조장이, 1906년에 고단다(五反田) 양조장과 나가다게(永武) 양조장이 세워졌다. 한일병합이 되기 전인 1909년까지 마산에 7개의 일본 청주양조장이 생겼다. 1920년에는 일본 청주양조장이 13개가 되고 연생산량도 792kl였고, 1928년에는 부산의 청주 연생산량 1,800kl보다 더 많은 1,980kl를 기록하면서 전국에서 청주를 가장 많이 생산하는 도시로 떠오르게 되었다.[3]

마산에서 소주를 전문으로 빚는 회사로는 합자회사 마산중앙조선소주공장이 1937년에 마산 중앙동 3가에 일본인 야마네사이요시에 의해 설립되었다. 그리고 1929년에 설립된 소화주류주식회사에서는 소주를 포함하여 청주, 이연주, 합성주, 미린주, 위스키를 만들고 있었다.

개항기 이전의 조선시대 소주 빚는 법을 살펴보면, 대략 세가지로 나눌 수 있다. 첫째 가마솥에 발효된 술을 붓고, 가마솥 안에 소주 받을 그릇을 넣고, 가마솥 뚜껑을 뒤집어서 덮고 소주를 내리는 법이다. 둘째는 가마솥 위에 시루를 얹고 시루 안에 소주 받을 그릇을 놓고, 솥뚜껑으로 시루를 덮고 소주를 내리는 법이

---

3) 마산상공회의소 편, 『마산상공회의소 100년사』, 2000.

다. 셋째는 소줏고리를 이용하는 법이다.

조선 말에 이르면 소줏고리가 다양해져 옹기처럼 구운 토고리, 도기처럼 구운 도고리, 구리로 만든 동고리, 쇠로 만든 쇠고리 또는 철고리 들이 있었다. 조선 말 탁지부의 조사에 따르면, 소주의 수요는 탁약주가 상하기 쉬운 6월부터 8월 사이가 많으며 북쪽 지방이 남쪽 지방보다 수요가 더 많았다고 했다. 누룩은 일반적으로 섬누룩(粗麴)을 사용하고 그 사용량은 탁약주에 비해 많았다. 북쪽 지방은 발효 도중 수시로 술덧을 저어주지만, 서울 이남 지방은 저어주지 않고 술독을 밀폐해 두었다고 한다.

1910년대에는 재래식 소줏고리 대신에 일본식 양조용 시루가 사용되었는데, 흐르는 물로 냉각수를 쓰고, 소주받이 부분에는 냉각관을 달아서 알코올 증발을 줄였다. 누룩은 분말 형태를 쓰고 연료는 장작을 사용하였다. 1919년에는 평양에서 주정식 기계 소주공장이 생겨 주정(酒精) 산업이 시작되면서 소주 산업에 변화가 일었다.

표 01 | 1910년 전후의 지역별 소주 제조의 특징

소주 제조법	서울 지방 (1906년경)	평양 지방 (1906년경)	원산 지방 (1910년경)
시기	3월 술빚기, 5월 증류		
항아리	420리터 (2섬 3~4말)	216리터(1섬 2말)	234리터(1섬 2~3말)
재료	쌀, 누룩, 물	수수, 누룩 곳에 따라 멥쌀, 찹쌀, 옥수수	
술밥	쌀고두밥 144kg(9말)	수수48kg(3말), 멥쌀36kg(1~2말), 찹쌀9kg	멥쌀 43kg(2일 침미)
누룩		60개	200장(개당150g) 2~3 등분 내고, 물을 넣어 하룻밤 방치하여 사용

소주 제조법	서울 지방 (1906년경)	평양 지방 (1906년경)	원산 지방 (1910년경)
물	144리터	126리터 (여름냉수, 겨울온수)	
발효방법	매일 1~2회 젓기	찐 수수는 2~3일간 첨가, 찹쌀은 물 3배죽을 끓여 넣음	3일째부터 매일 2~3회 저어준다
발효기간	3주간	여름 25~30일, 겨울 40일	15~25일
발효숙성	3주 뒤에 밀봉하여 숙성		
증류시기	5월경 증류		
증류법		자가증류기, 임대증류기	한 항아리(3솥) 증류하는데 솔잎 18관 사용
수율	130리터	술덧 한 독(350리터)에서 40~45리터	36.7리터
술도수	37~38도	35~40도	
특징		냉각수 온도가 높아 증발되는 알코올량이 막대함. 오늘날 수율의 절반 정도	

　　1920년대에는 흑국이 새로 들어와서 처음에는 재래 누룩과 반반씩 섞어 쓰다가 점차 분량이 늘어나 흑국을 많이 넣게 되었다. 누룩으로 만든 재래식소주는 채산이 맞지 않아 1920년부터는 주정식 소주와 대항하기 위하여 누룩 대신 흑국을 사용하는 흑국소주로 바뀌어 나갔다. 서북쪽의 5도 소주업자들은 국가의 통폐합 방침에 따라 1924년부터 3년에 걸쳐 합동 집약되어 점차 공장 형태를 이루게 되었다. 이에 따라 1923년까지만 해도 일부 주정식 소주와 함께 누룩 소주가 대부분이었으나 1924년부터 재래식 누룩소주는 점차 흑국소주로 전환되어 생산량이 감소하여, 이후는 주정식 소주와 흑국소주가 병존하게 되었다.

표 02 | 누룩소주에서 흑국소주로 변모되어가는 과정   단위(석=180L)

구분	1923	1924	1926	1927	1928	1929	1932
누룩소주	34,933	131,328	151,540	75,706	62,328	37,133	11,826
흑국소주	255	11,660	34,104	114,179	137,072	168,680	207,018
계	35,188	142,988	185,644	189,885	199,400	205,813	218,844
누룩 : 흑국	99 : 1	92 : 8	82 : 18	40 : 60	31 : 69	18 : 82	5 : 95

1932년 제3회 전선주류품평회는 1932년 5월 1일부터 9일까지 조선총독부 세무과 분실(현 국세청기술연구소)에서 열렸다. 출품은 약주 662점, 소주 401점, 고량주 5점, 재제주 21점, 누룩 135점으로 총 1,224점이었다. 그중에서 누룩소주는 57점, 흑국소주는 327점, 기계식소주는 17점, 고량주는 5점이었다.

당시 평가를 보면, 소주의 품질은 대체로 양호한데 누룩소주는 점차 기반을 잃는 듯한 감이 있어 유감이며, 누룩제조방법이 조잡하여 풍미가 떨어지므로 누룩제조에 더욱 연구 노력할 것을 바랬고, 흑국소주는 기술의 진보에 따라 우열을 가리기 어려웠으나 일부 향기가 열악하고 색택이 혼탁된 것들에 대하여는 더욱 연구할 것을 촉구하고 있다. 기계식 소주는 원료처리, 발효관리의 연구로 주정냄새 원료 냄새를 제거하여 상품적 가치를 높였으나 완전하지는 못하다고 평가하였다. 고량주는 발전이 있었으나 향미에 대하여 일층 개선이 요망된다고 했다. 당시의 소주 32종의 알코올 도수를 재어보니 30.2~35.9도였고, 평균 34.8도 였다.[4]

1938년에는 총독부 주선으로 동양척식주식회사가 제주도에 고구마를 원료로 한 무수알코올 공장을 설립했다. 해방이 될 때에 주정 공장이 8개가 있었다.

---

4) 국세청기술연구소 편, 『국세청기술연구소 88년사』, 1997.

1959년에는 양조시험소에서 흑국의 변이종인 백국(시로 우사미)을 보급하게 되면서, 백국이 흑국을 대체하게 되었다. 백국은 산(酸)생산력, 당화력이 흑국과 비슷했는데, 제조 과정이 대단히 편리했다.

1964년 이후 주정제조장이 14개에서 26개로 증가하였다.

1964년까지는 증류식소주와 희석식소주가 동시에 생산되었으나, 양곡정책으로 곡물로 술을 빚을 수 없게 되면서 증류식소주는 명맥만 유지하다가 1973년에 생산이 중단되었다.

1970년대 이후 희석식소주의 소비증가로 주정소비량이 급격히 늘어났다.

1971년 12월 30일 법령개정으로 소주에 첨가물을 넣을 수 있게 되었다. 그 당시 희석식소주는 주원료인 주정제조 때에 각종 성분을 분리 제거함으로써 특징이 없어, 소비자 기호에 부응하고자 첨가물을 허용하게 되었다. 사탕, 포도당, 구연산, 사카린, 아미노산류, 솔비톨, 무기염류 등 첨가물의 합계 중량이 제품의 0.2%까지 허용했다.

1974~1989년까지 희석식 소주만 생산되면서, 희석식 소주의 세상이 되었다.

1978년 환경보전법이 발효되면서 주정원료인 당밀이 공해를 많이 유발하여 문제가 되었었는데, 값싼 조주정의 수입이 그 대안이 되었다.

1982년부터 당밀을 주정원료로 사용하는 것이 금지되었다.

1989년에 인체 유해 논란이 일면서 인공감미료인 사카린 사용을 금지했다. 첨가물로 스테비오사이드, 아스파탐, 물엿이 추가되었다.

1990년부터 전통민속주 보존차원에서 곡물 원료를 허용하면서 증류식 소주가 부활되었다. 희석식 소주에도 향기성분이 함유된 곡물주정을 생산하여 섞어 쓰는 제품이 생산되었다.

1995년에 첨가물료 중에서 설탕, 포도당, 물엿을 당분으로 대
체함으로써 벌꿀, 맥아당, 올리고당 등 각종 당류도 첨가가 가능
하게 되었다.

Ⅳ. 현대 소주의 현황

희석식 소주 회사가 10곳으로 정착된 것은 1982년의 일이다.
1973년도부터 국세청에서는 자유경쟁의 부작용을 없애고 관리
의 효율성을 위하여 주류제조 통폐합 정책을 실시하였다. 1973년
에 68개였던 소주 제조장이 26개로 통폐합되었고, 1974년에는 1
도(道) 1사(社) 원칙을 내세워 15개 업체로 줄였다.

현재 10곳의 희석식 소주에서는 증류식 소주를 만들어내는 곳
도 있다. 하지만 희석식 소주가 시장 주도 상품이기에 증류식 소
주는 그다지 부각시키지 않고 있다.

증류식 소주를 전문으로 제조하는 회사는 1990년 민속주가
부활되면서 생겨나기 시작했고, 지금은 제법 여러 회사에서 생산
하고 있다. 희석식 소주와 증류식 소주를 생산하는 업체의 현황
은 다음과 같다.

표 03 | 대형화된 희석식 소주 회사에서 생산하는 소주 제품

소주회사	희석식 소주 제품	증류식 소주 제품	주요 판매 지역
하이트진로	참이슬, 하이트	레전드 21도, 일품진로 30도	전국 판매
롯데	처음처럼		수도권, 강원
금복주	맛있는참	운해 45도, 제비원 45도, 안동소주 25도	경북
맥키스컴퍼니	O2린	청담 35도, 휘모리 27도	충남 대전
보해양조	잎새주		전남 광주

소주회사	희석식 소주 제품	증류식 소주 제품	주요 판매 지역
대선주조	C1		부산
무학소주	좋은데이		경남
충북소주	시원한청풍		충북
한라산	한라산	허벅술 35도	제주

표 04 | 증류식 소주의 제조 현황

증류식 소주	제조 지역	재료	도수 및 문화재 현황
소주 삼해주	서울	멥쌀, 찹쌀, 밀누룩	서울시문화재지정, 상품화 안됨
향온주	서울	찹쌀, 멥쌀, 밀누룩	서울시문화재지정, 상품화 안됨
문배주	경기 김포	조 누룩, 수수	40도, 국가지정문화재
감홍로	경기 파주	조, 멥쌀, 약재 8가지	40도
남한산성소주	경기 광주	멥쌀, 누룩	40도, 경기도지정문화재
옥로주	경기 용인	쌀, 율무	45도, 경기도지정문화재
화요	경기 여주	쌀, 쌀누룩	41, 25도
홍천 옥선주	강원 홍천	멥쌀, 옥수수	40도
계룡백일주	충남 공주	찹쌀, 멥쌀, 솔잎	30, 40도, 충청남도지정문화재
가야곡왕주	충남 논산	찹쌀, 누룩, 구기자 등	25, 40도, 충청남도지정문화재
불소곡주	충남 서천	멥쌀, 찹쌀, 국화	43도, 충청남도지정문화재
인삼주(증류주)	충남 금산	멥쌀, 인삼, 솔잎	43도, 충청남도지정문화재
한주	충북 옥천	멥쌀, 찹쌀, 송절	35도
신선주	충북 청원	멥쌀, 우슬 등	40도
조옥화 안동소주	경북 안동	멥쌀, 누룩	45도, 경상북도지정문화재
일품 안동소주	경북 안동	멥쌀, 입국	21, 40도
전통명주 안동소주	경북 안동	멥쌀, 입국	19, 22, 35, 45도
오정주	경북 영주	멥쌀, 밀누룩, 5가지 약재	30~35도
밀양유천소주	경남 밀양	멥쌀, 누룩	상품화 안됨
이강주	전북 전주	멥쌀, 보리쌀, 밀, 배, 생강	25도, 전라북도지정문화재
송화백일주	전북 완주	멥쌀, 밀누룩, 송화가루	38도

증류식 소주	제조 지역	재료	도수 및 문화재 현황
죽력고	전북 정읍	멥쌀, 대나무	33도, 전라북도문화재
담양 추성주	전남 담양	멥쌀, 두충, 창출 등	23도, 전라남도문화재
법성포 토종	전남 영광	멥쌀, 밀누룩 (또는 입국)	40도
녹향주	전남 해남/ 월남한 술	멥쌀, 당귀, 승검초	45도
허화자 진도홍주	전남 진도	멥쌀, 보리쌀, 지초	40도, 전라남도문화재
대대로 홍주	전남 진도	쌀, 지초	40, 35, 30, 25도
진도지초 홍주	전남 진도	쌀, 보리, 지초	40, 30도
한샘 홍주	전남 진도	찹쌀, 보리, 지초	40도
대복 홍주	전남 진도	쌀, 보리, 지초	40도
아리랑 홍주	전남 진도	쌀, 보리, 지초	40도
예향 홍주	전남 진도	쌀, 보리, 지초	40도
성읍마을 고소리술	제주 서귀포	좁쌀, 보리	제주도문화재
제주샘주	제주 애월읍	좁쌀, 쌀	40, 29도

V. 제주 술에 대한 단상

제주의 상징적인 술은 오메기술과 고소리술이다. 오메기술은 좁쌀로 빚은 오메기떡을 재료로 빚은 술이라서 붙은 이름이다. 제주 술의 기본 원료는 좁쌀이다. 육지의 술이 쌀을 기본으로 하는 것과 사뭇 다르다. 제주는 쌀농사를 지을 수 없어서 쌀술이 없었다. 쌀 농사를 지으려면 무논이 있어야 하는데, 비가 내리는 대로 숨돌이라고 불리는 현무암의 구멍 속으로 송송 빠져나가버리니 물 가둬 논농사를 지을 수가 없었다. 그래서 밭에 보리와 좁쌀 농사를 지어서 대대로 살아왔다.

　　제주 성읍마을은 제주의 초가들과 돌담과 관헌과 고목이 잘 남아있는 전통마을이다. 1984년에 민속마을로 지정되었고, 민속마을에 걸맞게 오메기술과 고소리술을 빚는 할망(할머니의 제주 방언)이 산다. 문화재로 지정된 할망 김을정씨다.

　　김을정 할망이 오메기술을 시연한 모습을 보았다. 오메기술을 빚는 주 재료는 손바닥만한 누룩, 직접 농사지어 빻은 차좁쌀가루였다. 도구는 항아리와 주걱과 함지와 대바구니가 준비되어 있고, 가마솥에서는 물이 끓고 있었다. 먼저 오메기떡을 만들기 시작했다. 오메기떡은 차좁쌀가루에 뜨거운 물을 부어 반죽하여, 도넛 크기로 뭉친다. 이때 도넛처럼 가운데 구멍을 뚫기도 하는데, 떡이 갈라지기 때문에 그냥 찐빵처럼 둥그렇게 빚는다. 뭉친 차좁쌀덩어리를 끓는 물에 넣어 익히고, 팥고물이나 콩고물을 입히면 오메기떡이 된다. 술을 빚을 때는 고물을 묻히지 않는 오메기떡에 뜨거운 물을 부어가며 형태가 무너질 때까지 으깨어서 항아리에 담고, 누룩을 넣고 물을 잘박하게 부어 두면 사오일 뒤에 술이 익게 된다. 완성된 오메기술을 그대로 즐기거나, 이 술을 증류하여 고소리술을 만들어 즐긴다. 고소리술은 오메기술을 옹기로 만든 고소리로 증류하면 만들어진다.

　　제주 소주의 맹주는 한일소주에서 한라산으로 이름을 바꾼 회사에서 낸 한라산 소주다.

　　제주의 물이 좋다고 알려져 있는데 그 중 애월읍과 한림읍이 물이 좋은 곳으로 알려져 있다. 한라산에서 흘러내린 하천이 여러 갈래고, 다른 지역보다는 해수 침입이 적기 때문이다. 단적으로 제주의 양조장들이 애월읍과 한림읍에 대부분 모여 있는 것만 보아도 물 좋다는 것을 알 수 있다. 애월읍 하귀리에 제주 막걸리 제조장들이 하나로 합쳐진 제주합동양조장이 있고, 애월읍 애원

로에 개량화된 오메기술과 고소리술을 빚는 제주샘주가 있고, 애월읍 용흥리에 감귤주가 있고, 애월읍 수산리에 감귤와인, 한림읍 옹포리에는 제주 소주를 대표하는 주식회사 한라산이 있다. 한경면 청수리에 녹고의 눈물이 있다. 그리고 구좌읍 종달리에 맑은 바당, 서귀포에 혼디주를 빚는 감귤주명품화사업단이 있다.

그런데 내 눈에는 애월읍과 한림읍에 양조장들이 모여 있는 것은 물 말고도 다른 이유가 있어 보였다. 제주는 예로부터 술이 센 동네로 알려져 있다. 개성소주, 안동소주를 얘기할 때 제주소주도 함께 어깨를 나란히 한다. 섬 지방이라 그 특유의 술이 있는 것은 당연하지만, 육지의 술과 어깨를 나란히 할 정도라면 예사롭지 않은 수준이다. 그 밑바탕에 몽고의 영향이 감지된다. 개성소주와 안동소주의 명성이 높은 것은 고려시대에 몽고군이 그 지역에 많이 주둔했던 영향이다. 제주도 마찬가지다. 더욱이 애월읍 고성리에는 대몽항쟁의 최후의 거점이었던 항파두리성이 있다. 삼별초군이 진압된 뒤에 제주는 남송과 일본 공략의 전초기지가 되고 몽고군의 목장이 되면서 100년 동안 몽고의 지배를 받았다. 그런 몽고 영향으로 애월읍과 한림읍이 술이 센 게 아닌가 하는 생각이 든다.

:: 참고문헌 ::

국세청기술연구소 편, 『국세청기술연구소 88년사』, 1997.
김삼수, 「한국소주사」, 『논문집』 제20권, 1980.
마산상공회의소 편, 『마산상공회의소 100년사』, 2000.
배영동, 「일반 안동소주 생산과 소비의 역사와 의미」, 『지방사와 지방문화』 제9권
       2호, 2006.
사회과학원 고전연구실 편, 『북역 고려사』 제3책, 신서원, 1992.
서현수, 『주세법의 이론과 실무』, 세학사, 1999.
오성동, 「한국 소주산업발전에 관한 사적 고찰」, 『경영사학』 제18권 1호, 2003.
이성우, 『한국식품사회사』, 교문사, 1984.
장지현, 『한국외래주유입사연구』, 수학사, 1996.
정동효, 『우리나라 술의 발달사』, 신광출판사, 2004.
허시명, 『풍경이 있는 우리술 기행』, 웅진닷컴, 2001.
허시명, 『술의 여행』, 예담, 2006.

제주 음식문화,
한국의
또 다른 민족음식

오영주
(제주한라대학교 호텔조리과 교수)

제주 음식문화, 한국의 또 다른 민족음식

제주 음식문화, 한국의 또 다른 민족음식

　제주는 사면으로 해양을 끼고, 중심에는 겨울철의 북서계절풍을 가로막는 한라산이 있다. 온화한 해양성 기후는 제주를 생물종 다양성의 보고로 만들었다. 수 천종의 동식물 중에서 식용이 가능한 자원을 식재료로 선발하여 사용하여 왔다. 하지만 경작지는 토질이 가볍고 박하여 소출은 적고, 한 해에 몇 차례씩 엄습해 오는 태풍 때문에 먹거리의 궁핍은 일상이었다. 또한 중국 대륙과 해양(일본, 동남아)을 연결하는 요충지이어서 오래전부터 이들과의 교류를 통해 다양한 식문화를 흡수하여 또 다른 음식문화를 만들어왔다. 제주의 향토음식의 종류는 무려 400여 품 이상을 헤아린다. 음식의 종류가 많다는 것은 곧 먹거리의 풍족함을 의미하는 것은 아니다. 오히려 운명적인 생활여건에 대응하여 보다 나은 그리고 보다 많은 먹거리를 얻기 위한 처절한 노력의 산물이라 하겠다.

　그러나 1970년대 이후 감귤산업과 관광산업이 발달하면서 일부 향토식재료와 음식은 육지화 과정을 거치면서 대부분 소멸되고 말았다. 현존하는 향토음식은 기존 음식의 30%에 불과하다. 외식으로 상품화되지 못한 음식은 잊혀져가는 음식이 되고 있다. 더불어 조리법도 육지화 되면서 전국적인 맛의 보편화 현상을 보인다.

I. 제주음식문화의 속성

1. 제주음식의 5대 특징

첫째, 식재료의 다양성이다. 아열대성 기후와 해양의 섬 환경으로 타 지역과 차별화된 축산물(말, 흑돼지, 흑우, 꿩), 수산물(자연산 어종, 양식어종), 해조류(미역, 톳, 모자반, 파래 등등), 임산물(표고버섯), 채소류(감자, 당근, 토속채소, 서양채소, 중국채소, 일본채소), 향산성 감귤류(영귤, 당유자, 하귤, 산귤 등등), 약재(진피, 선인장, 오미자 등등) 등 식재료의 종류가 매우 많다.

둘째, 공식(共食)의 심리가 강하다. 일상음식에서 에너지 급원인 밥은 한 그릇에 국은 제 마다의 그릇에 차리는 '낭푼밥상'은 공동식사의 기본 틀을 이룬다. 구하기 힘들고 비싼 가축의 고기는 공동 추렴을 통해서 여럿이 나누어 먹었다. 또한 야산의 날짐승(꿩)은 여럿이 몰이사냥을 하여 사냥감을 나누어 가졌다. 바다는 공동어장으로 함께 물질하여 공동분배를 하였다. 무속이나 관혼상제의 의례는 반드시 음복과정을 거침으로써 공식의 기회를 가졌다.

01 | 낭도고리밥상(제주대학교박물관 소장)

셋째, 조리방법의 단순성이다. 예전에 제주의 부엌은 구조상 음식을 오래 조리할 수 있게 갖춰있지 않았다. 조리 담당자인 여성은 밭일과 물질을 동시에 해야

했기 때문에 부엌일에만 전념할 시간적 여유가 없었다. 그래서 조리과정이 단순하여 단시간에 간단히 해먹을 수 있는 아이템이 최고의 음식이다. 제주 향토음식에는 진한 탕류는 거의 없고 생선물회, 냉국, 생 쌈, 토장국, 범벅 그리고 저장식품(젓갈, 장아찌)이 많은 것은 이러한 이유에서다.

넷째, 입식과 가루음식의 통합 식문화이다. 제주는 화산재로 이루어진 토양이 대부분이다. 그래서 논은 적어 밭을 경작하여 곡물을 생산하였다. 잡곡은 쌀과 달리 입자화가 어려워 맷돌에 갈아 가루로 만들기에 적합하다. 제주노동요의 70% 이상이 여성들의 맷돌작업 등 제분과정과 관련되어 있다는 사실은 가루음식 문화의 정도를 대변하는 것이다. 예전에 범벅, 보리미숫가루, 칼국, 수제비, 상용 떡 등은 조리가 간편한 일상음식이었다. 제주 전체 음식 중 반찬을 뺀 나머지 음식의 약 30~40%는 가루음식이다.

다섯째, 음식의 다문화성이다. 탐라국 시대 이후의 고려 삼별초, 몽골 유목민, 섬주변의 왜구, 일제강점기 일본인 관리 및 관동군(10만), 6.25 한국전쟁 피난민 등 외부세력의 유입에 의해 다문화 가정이 출현하였다. 이에 따라 식문화도 자연히 다문화과정을 거쳐 지금에 이르고 있다.

결국, 1970년대 이전의 제주 지역음식은 한식과 매우 다른 문화를 가지고 있었다. 자연환경이 다른 지역과 다르고, 역사의 근원과 흐름이 다른 지역과 다르고, 사람이 다른 지역과 다르고, 사람들의 풍속이 다른 지역과 다르고, 식재료가 다른 지역과 다르고, 조리법이 다른 지역과 다르고, 음식의 맛이 다른 지역과 다르다. 결과적으로 식문화도 달라질 수밖에 없었다. 그래서 제주 음식은 한식에 속하는 향토음식들 가운데 하나이기 보다는 또 다른 한국의 민족음식이라고 할 수 있다.

2. 제주인의 음식사상

제주 주민들이 식생활을 영위하면서 지니게 된 음식에 대한 사상은 환경 친화성, 건강 친화성, 사회 친화성 등 총체적인 개념으로 해석된다.

첫째, 제주 식생활은 환경 친화적인 식사법이다. 제주 음식의 조리시간이 매우 짧다. 식재료에 가능한 한 인간의 손질을 최소화하여 재료자체의 신선한 맛을 중시한다. 단순하고 호쾌한 생식(물회, 냉국, 쌈 등)과 단순조리 식생활법은 결과적으로 연료소비량을 감소시킨다. 다른 지방의 음식에 비해서 열처리 시간은 대략 1/2 정도 수준이어서 탄소배출량이 적다. 또한 식생활 폐기물이 적어 환경에 악영향을 주지 않는다. 제주의 또 다른 식생활법은 일물전체식(一物全體食)이다. 가능한 한 폐기물을 줄여 버리는 것 없이 다 먹는다. 식량이 부족한 시절 '조냥정신'(절약정신)은 생존을 위한 철학이었다. 쉬어가는 보리밥마저 재활용하여 2차 요리를 만들어 냈다. 식생활 폐기물(보리쌀 씻은 물, 생선가시, 설거지하고 난 물, 농작물 폐기 부위 등등)도 버리지 않고 돼지 먹이로 사용하였다. 돼지우리와 식생활 폐기물의 연계는 제주의 '통시문화' 즉, 지속가능한 재활용 시스템의 중심에 위치해 있다.

둘째, 제주 식생활은 건강 친화적인 식생활법이다. 제주 속담에 "밥이 인습이여"(밥이 인삼이다)라는 말이 있다. 평상시에 밥을 요리조리 잘 지어먹으면 보약이 별도로 필요 없다는 이야기이다. 제주 음식의 장점은 식재료의 절묘한 조합이다. 예전에 제주는 늘 곡식이 부족했다. 살아남기 위해서는 부족한 곡물에 쉽게 얻을 수 있는 재료를 넣어 배를 채워야했다. 제주의 밥은 잡곡(보리, 조, 콩, 피쌀), 잡곡과 서류(고구마, 감자), 잡곡과 채소류(무, 쑥, 호박), 그리고 잡곡과 해조류(톳, 감태, 너패, 파래) 등 서로 돌려 쓸 수 있는 혼합물로 구성되어 있다. 죽은 곡물과 생선 어패류를 혼합한다. 전복죽, 옥돔죽, 갱이죽, 오분자기죽 등이 그것이다. 또한 육류도 섞어 닭죽, 말고기죽, 꿩고기죽 등을 만든다. 범벅은 메밀가루에 고구마나 해조를 넣는다. 국도 역시 옥돔무국, 호박갈치국, 성게미역국, 몸국, 고사리육개장, 말고기무국 등 마찬가지다. 한 가지 식재료에 맛과 영양이 부합되는 부재료를 찾아내어 궁합을 맞춘 요리들이다. 결국 제주 식생활은 식재료간의 부족한 영양소를 상호 보완해줌으로써 영양적 효용성을 극대화한 식생활법이다.

셋째, 제주 식생활은 사회 친화적인 식사법이다. 제주 사람들은 자연에 순응하며 모두가 다 함께 만들어 나누어 먹는 나눔의 식문화를 소중히 한다. 집집마다 텃밭이 있고 뒤편에는 야산이 있고 앞에는 바다밭이 있다. 계절에 따라 나오는 나물과 해산물이 다양하다. 식탁 자체가 계절을 말한다. 제주의 일상식은 '낭푼밥상'(공동밥상)이다. 낭푼밥상에서 밥과 국의 상차림은 한식과 정반대이다. 밥은 큰 함지박에 퍼서 가운데 넣고 국은 제각기 따로 담아낸다. 낭푼밥상은 언제 누가와도 국 한 그릇만 뜨면 함께 먹을 수 있는 공식(共食) 시스템이다. 일상음식이 아닌 의례음식은 반드시 이웃에 돌려가며 나누어 먹었다. 의례음식은 고기나 생선, 두부 등과 같이 고단백 특별음식이다. 비싼 고단백질 음식은 공식을 통해 식사의 평등화가 이루어짐으로써 필요 최저량의 영양수준을 확보할 수 있었다. 기름지고 맛있는 음식을 혼자 먹는 집단에서는 장수자가 없다고 한다. 그러나 나눔의 음식문화를 소중히 하는 제주 지역에는 오래전부터 장수하는 자가 많다고 알려졌다.

3. 제주음식의 현황

제주 향토음식은 주식 68품, 국 74품, 찬류 140품, 저장식품 140품, 별미음식 148품 등 총 470여 품으로 타 지역에 비해 종류가 많다.

1) 주식류

전분질식품(곡류 · 서류) 등을 중심으로 구성되어 있으며 주로 먹어서 에너지를 내는 주식용 음식으로 밥류, 죽류, 국수류, 떡국류, 범벅류, 개역류 등이 있다. 밥은 보리나 조에 잡곡류(수수, 메밀, 콩, 팥, 녹두, 고구마, 감자)를 더하거나 해조류 또는 채소류를 첨가하여 지으며, 죽류는 잡곡을 많이 이용하며 거기에 채소(표고, 마늘, 비름, 호박), 유지(들깨, 참깨, 동백), 동물성 재료 또는 어패류를 이용하며 특히 어패류가 들어간 죽을 선호하였으며, 수제비와 범벅류는 주로 메밀을 사용하며 범벅에 식물성 부재료를 이용한다. 면류에는 메밀칼국수, 메밀수제비, 보리수제비, 밀가루수제비, 초기국수, 꿩메밀 칼국수, 생선국수, 엿수제비, 칼국 등이 있다.

2) 국류

국의 재료는 주위에서 손쉽게 구할 수 있는 채소류, 해조류, 어패류, 육류 등을 이용한 국들이 있다. 국은 계절에 따라 봄, 가을, 겨울에는 끓인 국을 주로 이용하였고, 육지부와는 달리 오래 끓이는 찌개류와 같은 탕류가 별로 없으며, 채소류나 해조류를 넣고 끓인 맑은 된장국이나 콩가루를 넣고 가볍게 끓인 콩국, 신선한 생선을 넣고 끓여낸 생선국 또는 수조육류를 넣어 끓인 고깃국이 주를 이룬다. 한편 여름철에 많이 섭취하는 냉국은 생 된장에다 채소나 해조류를 넣는데 생것 또는 데쳐서 사용하고 오징어와 군벗 등의 해산물은 데쳐서 만들며, 물회류는 흰살 생선이나 연체동물류 또는 패류를 생것으로 만든다.

02 | 옥돔국

3) 찬류

밥을 먹기 위해 부수적으로 따르는 것으로 가장 기본이 되는 것은 장류, 김치류, 젓갈류이고 거기에 야채, 어패류, 육류를 이용한 찬이 따르게 된다. 이런 찬류

03 | 콩잎과 자리젓

에서 단백질, 비타민, 무기질을 얻었다. 채소류를 이용한 찬, 해조류를 이용한 찬, 어패류를 이용한 찬, 육류를 이용한 찬, 김치류, 젓갈류, 묵류, 쌈류 등을 들 수 있다. 무침은 채소류나 해조류를 생된장으로 무치고 양념은 별로 하지 않으며 건조채소는 거의 사용하지 않는다. 생선류는 주로 굽거나 조림으로 쓰인다. 김치는 기후가 온난한 관계로 임시로 담가먹는 겉절이 김치가 주를 이루며, 다른 지방의 젓갈은 주로 김장할 때 사용하는 양념용이

대부분인데 비해 제주의 젓갈은 주로 밥반찬용이다. 특히 여름철 콩잎이나 깻잎쌈과 함께 많이 섭취되며, 숙성기간이 짧아 신선한 감칠맛이 난다. 또한 젓갈을 밥솥에다 넣고 쪄서 국물을 찍어먹거나 조리용 양념으로도 사용한다.

Ⅱ. 구황음식

우리나라의 최남단 제주는 태풍이 오는 길목이다. 밭작물이 왕성히 생육하는 9월을 전후하여 해마다 몇 차례씩 태풍과 홍수가 휩쓸고 지나갔다. 조선실록에 기록된 제주 흉년의 건수 만해도 조선왕조 500년 동안 100회를 상회한다. 1800년대에는 3년에 한 번꼴로 흉년에 대한 기사가 있을 정도였으니 당시 식량상황을 짐작하고도 남는다. 특히 제주 지역에서도 모진 바람으로 이름난 옛 대정현 지역에서 가장 심했다고 한다. 근현대에 들어서도 식량사정은 크게 다르지 않았다. 일제강점기에는 일제의 식량공출을 강요받아 먹거리가 턱없이 부족하여 늘 기근으로 허덕였다. 사실, 1960년대 초까지만 해도 제주 지역음식은 구황음식이 대부분이라고 해도 크게 무리가 따르지 않는다.

1. 구황음식의 형성과 특징

보통 육지에서는 보릿고개라 하여 봄철 춘궁기에 구황음식이 집중된 반면, 제주에서는 사계절 구분이 없었다. 육지의 구황음식은 죽이 주류를 이루나 제주의 구황음식은 약간의 낟알 곡식 특히, 곡물을 가루로 내어 여기에 해조류를 넣어 조리한 범벅, 잡곡밥, 대용식 떡 등이 많다는 점이 유다름이다. 절해고도이기에 조정으로부터 단시일에 구휼을 기대할 수 없었기 때문에, 장기적으로 기근을 이겨나가기 위한 독자적인 행보가 구황음식문화의 발달을 가져왔다고 하겠다. 이러한 제주의 구황음식의 특징을 기술하면 다음과 같다.

첫째, 해조류를 이용한 구황음식이 많다. 제주 지역은 다양한 해류가 교차되고 화산암이 연안에 깔려 있어 여러 종류의 해조류가 분포한다. 이 중에 구황음식으로 사용되었던 해조류는 톳, 우뭇가사리, 홑파래, 갈파래, 청각, 도박, 모자반, 넓패, 감태 등등이다. 톳은 보리쌀과 같이 삶아 '톨밥'(톳밥)으로 먹거나, 여기에 고구마 가루나 메밀가루를 더 넣어 점성이 있게 조리하기도 한다. 또는 보리가루에 톳을 넣을 죽을 쑤기도 한다. 우뭇가사리는 '말치'(큰솥)에 넣어 끓인 후 국물과 건더기를 분리하여, 국물은 식혀 묵처럼 굳게 하여 '개역'(보리 미숫가루)과 냉수를 함께 섞어 먹고, 건더기는 밀가루나 보리가루와 함께 반죽하여 떡을 만든다. 홑파래는 여러 번 민물에 씻어 탈색시킨 후, 보리가루나 좁쌀가루를 섞어서 범벅이나 죽을 만든다. 도는 말린 파래를 보리쌀과 파래를 3:1의 비율로 넣어 밥을 짓기도 한다. 모자반은 좁쌀과 함께 끓여 '몸죽'을 만들거나, '는쟁이'(메밀기울)을 섞어 는쟁이범벅을 만들어 먹었다.

둘째, 잡곡 가루로 만든 범벅과 식사대용의 떡의 종류가 많다. 범벅은 메밀범벅과 고구마범벅이 주를 이루고, 그 외에 수제비(메밀, 고구마가루)와 칼싹두기(칼국)이 있다. 구황음식용 떡은 돌레떡(메밀가루, 좁쌀가루, 또는 고구마가루), 좁쌀 오메기떡, 메밀빙떡, 조침떡(조시루떡), '감제침떡'(고구마가루 시루떡), '세미떡'(메밀가루), 보리상애덕(발효빵) 등이 있다.

셋째, 제주 서부 중산간 곶자왈 지대 또는 오름 주변의 야산에 자생하는 식물을 효율적으로 이용한다. 이중 대표적인 것이 '믈릇'(무릇)이다. 믈릇은 제주 지역에서 춘궁기 구황식품으로 가장 흔히 이용된 야생 뿌리식물이다. 육지부에서는 무릇에 참쑥을 넣어 고아 먹었는데, 제주에서는 넓패, 패, 톳 등과 함께 고아낸다. 무릇을 작은 오지항아리에다 무릇과 넓패를 층층이 넣고 물을 부은 다음, 진흙을 항아리에다 바르고 미리 만든 화덕에 얹어 1~2일 동안 말똥이나 보리가시랭이를 땔감으로 하여 은근히 고아낸다. 여기에 보리개역을 넣어 먹거나 보리가루와 무릇을 1:3의 비율로 섞어 범벅으로 먹기도 한다. 또는 무릇, 넓패, 절간 고구마 가루를 켜켜로 뿌려 푹 쪄서 먹기도 한다.

2. 기근을 이겨낸 고구마

고구마가 제주도에 처음 도입된 것은 1763년(영조 39)의 일이다. 조선통신사 조엄(趙曮)이 일본으로 가던 중 대마도에서 고구마 종자를 얻어 부산진과 동래로 보냈다. 그는 대마도와 토질이 비슷하고 식량이 늘 부족한 제주도를 주목하여 구황음식으로 재배하도록 명하였다. 조엄의 손자 조인영이 이 명을 받들어 제주도로 보냈으며, 제주도에서는 이를 파종하여 재배에 성공을 거두었다. 제주인은 조엄의 뜻에 감복하여 '조저(趙藷)'라는 명칭을 붙여 그 덕을 기념하였다. 그러나 그 후 종감저가 제주에서 어떻게 관리되었고 얼마나 성공을 거두었는지 상세히 알 수 없다.

그 후 150여 년이 지나고 일제강점기인 1915~1919년에 일본인 제주도사(濟州道士) 이마무라 도모에(1870~1943)가 고구마의 획기적인 재배기술을 도입하면서 대대적으로 재배되었다. 그는 신품종인 중승 100호 등 2~3개 품종을 도입하고, 직접 면서기와 순사를 이끌고 마을을 순회하면서 고구마 재배법을 교육하였다. 그 결과 크게 성공을 거두어 고구마가 구황식량으로써 뿌리를 내리게 되었다. 당시 항상 부족하던 식량이 대체되어 3년째 되는 해에는 유사 이래 식량이 남아돌아 조를 육지에다 수출하여 3만원의 조수익을 올리기도 하였다. 그러나 제주에 〈동양

04 | 감제침떡

척식회사〉 지사를 설립하면서 상황은 판이하게 달라졌다. 1940년 제주시 건입동에 군수용 바이오연료 생산을 위한 주정공장을 건설하여 주정을 만드는데 심혈을 기울였기 때문이다. 그것도 모자라 도내에서 생감으로 처리할 수 있는 물량이 초과되자 절간 '빼떼기'를 만들어 공출하도록 강요하였다. 곡식을 재배해야 할 토지에 고구마를 갈고 수확한 다음 절간고구마로 말려 공출하는 일에 얽매어야만 했다. 예전에 곡물에 고구마를 혼합하여 조리함으로써 식량을 크게 절약할 수 있었던 대체자원이 더 이상 주민의 먹거리가 되지 못하고 일제의 군수물자로 빼앗기고 말았다. 이로 인해 주민들은 고구마 전분박을 끼니로 때워야 할 정도로 식생활은 더욱 궁핍해질 수밖에 없는 배고픔 자체였다. 해방 후 도내에 전분공장이 도처에 건설되면서 고구마는 환금작물로 탈바꿈하게 되었고 부족한 곡물을 대용할 수 있는 구황작물로 제자리를 차지하였다.

3. 메밀, 최고의 구황작물

제주 지역의 주식 중 가루음식은 범벅이 무려 37종류이고 면

류가 10종이나 된다. 실제로 제주여성들이 불렀던 노동요의 대부분은 '맷돌·방아노래'이다. 김영돈의 '제주도민요연구'(1965)에 수록된 노동요의 1,142수 중 815수가 제분을 하면서 부르는 노래이다. 제주 노동민요의 70% 이상이 맷돌·방아소리라는 것이다. 그 만큼 식생활의 주체자인 여성이 담당하는 가사노동 중 제분 작업이 차지하는 비율이 높았음을 의미하며, 제주 음식에 가루음식이 많은 이유를 단적으로 방증하는 것이기도 하다. 구황음식에 가루음식이 많은 것은 제주 지역의 척박한 토질에서도 잘 자라는 메밀에 기인한다.

05 | 메밀범벅

06 | 메밀밭

주지하듯이 메밀은 가루음식을 만드는데 조리·가공적성이 뛰어난 식재료이다. 육지에서는 메밀의 활용성을 놓고 볼 때 국수, 묵 또는 부침에 불과하여 극히 단조로운 성향을 보인다. 반면 제주 지역에서는 메밀가루를 이용한 음식의 조리법과 종류가 다양하다. 메밀가루로 만든 메밀범벅은 이를 모체로 하여 주변에서 얻을 수 있는 다양한 제철 부재료를 조합한 범벅류를 파생시켰다. 또한 메밀의 제면성을 이용하여 '칼국'(칼싹두기)·'즈베기'(수제비)를 만들었고, '개역'(미숫가루)·묵·적·부침·돌레떡·'돗수애'(순대)·탕 등의 재료로도 활용하였다. 제주 지역의 척박한 자연환경에 부합되도록 식생활 담당자인 여성들이 식량을 절약하고, 식생활 준비시간을 최소화한 효율성 중심의 구황식생활 방식이라고 할 수 있다.

Ⅲ. 의례음식문화

사람이 태어나기까지 치르는 출산의례, 생을 마쳤을 때 치르는 상례, 향교의례 등 각종 의례가 행해졌다. 이러한 의식에는 규범화된 음식이 따르며 상징적인 의미를 내포한다. 의례 가운데 등장하는 대부분의 음식은 문화적 변용이 일어나 크게 바뀌었으나, 그 중 일부분은 전승되어 내려오고 있다.

1. 제례음식

조선 15세기 초엽 제주도에 유교가 도입되었으나 육지부와는 달리 일반 대중에게 정착하기까지에는 오랜 시간이 경과되었다. 초기에는 남녀가 함께 무리를 지어 무속제례를 지내다가 조선시대 후기(18세기)에 이르러 비로소 남성 중심의 유교식 제례가 정착되었다. 그러나 제주 지역에서는 아직도 문전제(門前祭) 등 무속제례의 잔재가 유교식 제례에 혼합되어 전승되고 있다. 기제사와 명절의 제상차림은 사례편람의 원칙을 중시하여 진설되나, 음식의 종류와 조리법은 육지의 그것과 큰 차이가 있다.

1) 기제사

제주에선 제사(忌祭)를 흔히 '식게'라고 한다. 또한 제사에 참석하러 가는 것을 '식게 먹으러 간다'라고 말한다. 이는 제사 음식을 음복하러 간다는 뜻이다. '식겟날'은 추모성의 분위

07 | 고임

기 보다는 '먹으러 가는 날'로서 자손들에게 만남의 기회를 제공하는 친교의 마당과 같다. 궁극적으로 친족의 동질성을 재확인하고 유대를 강화하는 매개체가 된다.

제수는 제상에 진설하는 음식으로 메와 갱, 떡, 육적과 어적, 숙채('탕쉬') 그리고 과일 등이다. 제수 중 적류(육적, 어적, 묵적 등)를 굽는 작업은 전적으로 남성의 고유 몫이고, 나머지 제수 준비는 여성이 주관하는 것이 관례이다.

① 메 : 보통 '식게밥'이라고 부른다. 쌀이 귀했던 1970년대 이전에는 그릇의 반은 좁쌀밥으로 채우고 그 위에 쌀밥을 채운 '두칭밥'을 올리기도 하였다.

② 갱 : 흔히 '갱국'이라고 칭한다. 옥돔이나 북바리 등 비늘생선 또는 쇠고기에 무나 미역을 넣고 끓여 올린다.

③ 떡 : 편(片)틀에 고이는 떡이다. '침떡'(시루떡), '곤떡'(솔변, 절변), 세미떡, 인절미, 송편, '우찍'(웃기), '고달떡'(기름떡), '빙떡'(전기떡) 등이 있다. 편은 우주의 상징성을 나타내므로 땅(地)-구름(雲)-달(月)-해(日)-별(星)의 순서로 고인다. 침떡(또

는 빗상애떡, 고달떡)은 땅, 인절미(또는 세미떡)는 구름, 솔변은
달 그리고 우찍은 별을 의미한다. 땅과 하늘을 상징하는 떡은 반
드시 올리고 나머지는 사정에 따라 준비한다.

④ 묵적 : 메밀묵이나 청포묵 또는 두부를 적으로 쓴다. 묵적은
대나무 적꼬치에 짝수 4개를 꽂아서 화롯불에 구워서 준비하고,
세 꼬치 또는 다섯 꼬치 등 홀수로 올린다.

⑤ 육적 : 돼지고기와 쇠고기를 적꼬치에 꿰어서 화롯불에서
굽는다. 해촌에서는 상어적, 오징어, 문게(문어)적이나 고래적 등
을 셋 또는 다섯 꼬치로 홀수 개를 올린다.

⑥ 해어 : 제숙이라 하여 '솔라니'(옥돔), 우럭, 벤자리 또는 북
바리 등 비늘생선을 배 가르기 하여 염장·건조한 것을 구워서
올린다.

⑦ 탕쉬 : 삼색 숙채(熟菜)로 구성된다. 그 중 고사리채는 조상
이 제사음식을 싸고 갈 지게를 의미하므로 필수품이다. 나머지
두 가지는 콩나물채, 미나리채, 양하채, 무채, 호박채 등을 계절에
따라 골라 쓴다.

⑧ 전 : 조상이 제사음식을 싸고 갈 보따리를 의미한다. 계란
전, 초기전(표고버섯)을 사용한다.

⑨ 과일 : 예전에는 당유자를 주로 썼다. 겨울철에 시장에서 구
입하여 보리항아리 속이나 뒤뜰에 땅을 파서 저장하여 두었다가
3개씩 꺼내어 썼다.

2) 명절

제주 지역에서 설, 한식, 단오, 추석 등 유교식 4대 명절을 지
내오다가, 1970년대 초 정부의 허례허식 타파와 의례 간소화의
정책으로 한식과 단오는 더 이상 지내지 않는다. 명절은 한 해에

지내는 제사상(보통 3대 또는 4대 봉사; 제주의 부모, 조부조모, 증조부모, 고조부모)을 모두 한꺼번에 진설하여 제사를 지낸다는 점이 기제사와 다른 점이다. 어떤 가정에 따라서 대청마루 한쪽 끝에서부터 맞은편 끝까지 진설하는 경우도 있다. 제주 지역에서는 차례를 마치면 식사(곤밥, 국, 숙채, 적)와 함께 떡반을 꼭 대접 한다. 제수의 떡을 인원수에 맞춰 동일하게 분배한 떡쟁반이다. 도감(남성, 제사주인)이 나누어주는 쟁반을 반이라고 하며, 쟁반에는 제떡, 과일과 적이 분량씩 들어 있다. 이렇게 반을 나누는 행위를 '떡반나눈다'라고 한다. 철상을 하고나면 모두 모여서 어른들은 상에 어린이들은 바닥에서 식사를 한다. 여자들은 부엌이나 제물을 준비했던 뒷방 바닥에서 식사를 한다. 70년대 중반까지만 해도 먹다 남은 개인 몫의 떡반은 반드시 챙겨서 집으로 가져왔다.

2. 혼례음식

제주 지역에서 치러진 전통 혼례절차가 육지와 다르듯이 혼례음식도 크게 다르다. 잔치 음식재료의 장만, 잔치 조직의 구성, 가문잔치 음식, 이바지 음식, 혼례 당일음식, 문전제 상차림, 사돈잔치 음식 등 혼례절차에 따라 음식이 준비된다.

전통적으로 제주의 혼례는 육지와 다른 절차에 따라 행해졌으며, 처음에는 독자적인 혼례 법을 고수하다가 매우 점진적으로 유교식 절차가 수용되었다. 16세기 〈신증동국여지승람〉의 제주목 풍속조에 "혼인을 구하는 자는 반드시 술과 고기를 갖춘다. 납채(納采)하는 자도 그렇다. 혼인날 저녁에 사위가 술과 고기를 갖추어 신부의 부모에게 뵙고 취한 뒤에야 방에 들어간다." 또한 조선 숙종(1702)때 이형상의 〈남환박물지(南宦博物誌)〉에 이와 동일한 절차가 지금도 행해지고 있다고 하였다. 이로 미루어 적어도 18세기 초까지는 사례편람에 의한 육지 식 전통혼례는 없고, 그 이후에는 일부 유교식 절차만을 수용했던 것으로 보인다.

이러한 혼례의식 절차에는 그 매개체로서 음식이 등장하기 마련인데, 외부 음식문화의 수용과 변용 등을 통한 자생적인 전승 양상을 고수하여 왔다. 그러나 1960년대 이후 신식혼례가 도입되면서 제주의 혼례음식문화는 변화되기 시작하여, 현재 예전의 전통적인 공동체 식문화요소는 거의 소멸된 상태이다.

1) 잔치 조직구성

의례음식을 준비하고 접대를 위한 조직(도감, 조리, 접객)을 사전에 구성하였다. 도감은 고기도감과 술도감이 있으며 남성이 전담한다. 전자는 방문객의 수를 고려하여 돼지고기수육을 공평하게 개인당 고기 석 점씩 분배되도록 수육의 양과 절단크기를 조절하여야 한다. 후자는 하객접대용 술의 통제와 관리를 맡는다. 조리를 위한 조직은 전적으로 여성으로 구성된다. '솥밑할망'은 취사보조 3~5인을 거느리고 밥과 국을 전담한다. '둠비'(두부)를 만드는 책임자는 바닷물 길어오기, 콩 불리기, 두부 만들기 등을 관장한다. 식수조달 책임자는 동네여인들을 거느리고 물허벅으로 물을 길어온다. 한편 마을 남자하인은 돼지 도축,

08 | 흑돼지

수육 삶기, 순대 만들기, '몸국'(모자반국) 준비 등을 수행한다.

접객 조직에서 청객은 하객안내를 담당하고, 중방(中房)은 신랑·신부 및 우시 안내, 상객은 홍세함 전달, 신랑·신부상 책임자는 신랑·신부의 첫밥담기 및 상차리기 등을 관장하고, 본주(신랑 또는 신부의 모친)는 여성하객으로부터 부조받기 및 답례 음식 분배 등을 주관한다.

2) 가문잔치와 '이부조'(아바지)

혼인식 전날 잔치에 필요한 음식을 마련하고 나면, 저녁때쯤 해서 양가에서 각각 가문잔치가 열린다. 가문잔치에 주요 참석범위는 성가 쪽의 친족과 모계친의 친족이며, 모계

09 | 도감과 돔배고기

친도 처음부터 끝까지 적극 참여한다. 가문잔치 음식은 잡곡밥, '듯솖은 국물'(돼지국물탕), 가문반(내장, 순대, 고기조각), 김치 등이다. '이부조'(아바지)는 잔치 1~2일 전 신랑집에서 신부집으로 혼인에 소용될 식자재를 보내는 것이다. 돼지, 쌀과 술은 필수이고 그 외에 닭, 계란 또는 생선 등이다.

3) 잔치

'초불잔치'와 '두불잔치'가 있다. 초불잔치는 하객들에게 접대하는 아침식사이다. '초불밥'(초불밥 먹인다)이라 하여 신부가 시

댁에 도착하기 전까지 대접하였다. 접대음식은 잡곡밥(보리쌀+
팥)이며 국은 두부를 넣은 무국이고 반찬은 김치나 간장이 대부
분이며, 마을에 따라서는 몹국이나 고사리국(육개장)을 대접하기
도 한다.

혼례행렬이 신랑댁에 도착하면 본격적인 신랑집 잔치가 벌어
지므로 이를 '두불잔치' 치른다고 한다. 동네 하객들도 이때부터
부조하기 시작하므로 손님접대에 매우 바쁘다. 여성들은 부조 바
구니에 곡식을 담아 등에 지고 가서 여주인에게 바구니를 전달하
고, 남성들은 닭이나 계란을 부조하였다. 잔치에 나오는 밥을 '두
불밥'이라 하여 곤밥(쌀밥)이 나오며, 국과 고기반이 제공된다.
쟁반에 담은 고기 반은 고기 석 점, '돗수애'(순대)와 '마른둠비'
(두부) 각각 한 점씩이다.

4) '사둔열맹'(사돈잔치)

신랑 신부는 첫날밤을 신랑댁에서 보내고, 다음날 신랑집 어
른(부친, 백부, 숙부)과 함께 연회를 베풀기 위해 신부댁을 방문
한다. 신부댁이 주빈이 되어 사돈 간에 '괸당'을 맺는 잔치의례이
므로 '사둔열맹'이라고 한다. 지참 음식은 술과 돼지고기이고, 술
은 좁쌀 청주 또는 '고소리술'(소주) 1말이고 고기는 뒷다리 1개
가 보통이다.

Ⅳ. 제주음식 패러다임의 변화

제주 음식은 최근 웰빙 바람을 타고 '시골 음식'에서 제주의
정체성이 살아있는 민족음식(ethnic food)으로 패러다임이 전환
되고 있다. 제주 밥상은 현대인에게서 문제가 되는 3고(고열량,

고지방, 고식염)과 3저(저 섬유질, 저 필수미량영양소, 저 생리활
성물질)의 문제점을 해결해주는 웰빙식단이다.

- 부끄러운 음식에서 드러 내놓고 싶은 음식으로
- 촌스런 '생된장 음식'에서 구수한 '고향의 맛깔' 음식으로
- 가난한 사람들이 먹는 음식에서 부자들이 먹는 음식으로
- 저가 음식점에서나 사먹는 음식에서 고가 음식점에서 판매
  되는 음식으로
- 관광객이 꺼리는 음식에서 관광객이 찾는 음식으로
- 육체노동자에 부적합한 음식에서 현대 정신노동자에 적합
  한 음식으로
- 화려하지 않은 음식에서 쓰레기 발생이 적은 자연생태적인
  음식으로
- 불결한 섬 음식에서 물과 공기가 깨끗한 청정 섬 음식으로
- 구황 음식에서 성인병 예방을 위한 음식으로
- 배고픈 저급음식에서 다이어트 고급음식으로
- 동물성이 부족한 영양결핍성 음식에서 채식중심의 건강 장
  수음식으로

:: 참고문헌 ::

오영주, 『제주음식문화와 스토리텔링』, 하나출판, 2012, pp.10~115.
오영주, 『제주향토음식 식재료도감』, 하나출판, 2015, pp.12~228.
허남춘 · 주영하 · 오영주, 『제주의 음식문화』, 국립민속박물관, 2007, pp.12~
    65.
吳榮周 · 玉井和江, 『ふる里の味 濟州島』, 大學書林, pp.10~240.

조선시대에
전래된
외래 식품 이야기

신병주

(건국대학교 사학과 교수)

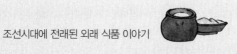
조선시대에 전래된 외래 식품 이야기

조선시대에 전래된 외래 식품 이야기

I. 생활의 일부가 된 담배 이야기

호랑이 담배 피울 때의 이야기. 담배 연기를 머금는 멋진 영화 배우, 그런가 하면 폐암으로 사망한 어느 코미디언은 절대 흡연을 하지 말 것을 광고한다. 요즈음에는 담배의 위험성을 알리는 '암시리즈' 광고가 큰 반향을 얻고 있다. 이처럼 담배는 우리 생활과 밀접한 관련을 가지면서도 그 해악에 대해서는 현대에 들어와 더욱 경계하는 분위기이다. 조선시대 담배의 전래 이야기 속으로 들어가 본다.

1. 담배의 전래

담배는 가지과에 속하는 다년생 초본 식물, 현재 북위 60도에서 남위 40도까지에서 광범위하게 재배된다. 1558년 스페인왕 필립 2세가 원산지인 남아메리카 중앙고지대에서 종자를 구해와 관상용, 약용으로 재배하면서 유럽으로 전파되었다.

우리나라의 담배는 임진왜란 후인 16~17세기 일본에서 들어왔다고 알려져 있다. 그 때문에 담배라는 명칭도 'tobacco'의 일본식 호칭이 변형된 것이라고 할 수 있다. 처음에는 담배를 '담바고'라고 불렀으며, 남쪽에서 들어왔다는 의미로 남초(南草) 또는 남령초(南靈草) 등으로도 불렀다. 남초 또는 연초로 불리기도 했다.

조선시대에는 연다(煙茶) 또는 연주(煙酒)라 하여 담배와 차 또는 술로 손님들을 대접했다. 순조가 "우리나라 사람들은 손님을 접대하는 도구로 남초를 삼지만, 중국 사람들은 차로 손님을 접대하니"라고 말했는데, 19세기 당시에도 담배가 주요한 손님 접대 수단이었으며 기호식품으로 얼마나 널리 이용되고 있었는지 알 수 있다.

조선에 담배가 전래된 후 흡연은 차츰 생활 문화의 하나로 자리를 잡아갔다. 많은 사람들의 생활에 깊숙이 자리잡아 일상적인 기호품이 된 담배는 그림으로도 자주 표현되었다. 풍속화에 등장하는 담배를 썰고 있는 장면, 담뱃대를 들고 있는 장면, 담배를 피우는 장면 등은 담배 애호가들의 행위가 조선시대나 지금이나 다를 바 없음을 보여준다.

네덜란드인 하멜(Hendrik Hamel)이 남긴 글에서도 17세기 중엽 조선에서는 "어린이들까지도 네댓 살만 되면 담배를 피운다. 남녀간에 담배를 피우지 않는 사람이 없다"고 언급할 정도였다. 순조 때에는 아이들이 젖만 떼면 곧바로 담배를 피운다고 왕이 한탄할 정도였다.

박지원의 『열하일기(熱河日記)』에는 삼등초(三登草)가 중국에 알려질 정도라고 기록되었으며, 『이춘풍전』에서는 서울의 부상대고(富商大賈)인 이춘풍이 추월과 수작하는 과정에서 "전라도 진안초에, 평안도 삼등초를 설설 펴서"라는 표현이 나온다. 게다가 1792년(정조 16)에는 국왕이 내원연다(內苑煙茶) 2봉을 내리면서, 땅이 적합하고 맛도 강해 삼등에 비해 떨어지지 않는다고 하선장[1]에서 말했는데, 이는 삼등 지역의 담배가 당시 최고급

1) 하선장(下膳狀) 조선시대에 국왕이 신하에게 어물 등의 반찬[膳]을 내려줄 때 발급하는 문서.

품의 기준이 되었음을 간접적으로 말해준다. 남녀노소 모두가 담배를 피우니 호랑이도 담배를 피웠을 것이라는 말이 자연스럽게 붙게 된 것이다.

조선시대에 담배는 짧은 기간에 사람들의 마음을 빼앗았다. 담배는 경제적인 측면에서 다른 작물에 비해 수익이 높았고, 짧은 시간 안에 담배를 즐기는 층이 남녀노소 가릴 것 없이 넓게 확산되었으며, 흡인력도 컸다. 그만큼 담배는 대중적인 기호식품으로 자리를 굳혀갔다.

2. 『계곡만필』에 기록된 담배 이야기

임진왜란 이후 조선에 처음 유입된 담배가 전국적으로 확산되는 데는 그리 많은 시간이 걸리지 않았다. 조선 중기에 골초로 유명했던 17세기의 학자 계곡(溪谷) 장유(張維 : 1587~1638)는 담배가 들어온 지 20년 만에 위로는 고위 관원에서 아래로는 가마꾼과 초동(樵童)까지 피우지 않는 사람이 없게 되었다고 말했다. 이는 담배가 얼마나 확산되었는지를 잘 대변해준다.

『계곡만필(谿谷漫筆)』에 기록된 담배 이야기 속으로 들어가 보자.

남령초(南靈草, 담배)를 흡연(吸煙)하는 법은 본래 일본(日本)에서 나왔다. 일본 사람들은 이것을 담박괴(淡泊塊)라고 하면서, 이 풀의 원산지가 남양(南洋)의 제국(諸國)이라고 말하고 있다. 우리나라에는 20년 전에 처음으로 이 물건이 들어왔는데, 지금은 위로 공경(公卿)으로부터 아래로 가마꾼과 초동 목수(樵童牧豎)에 이르기까지 피우지 않는 자가 없을 정도이다. 이 풀은 『본초(本草)』등 여러 책에도 나와 있지 않다. 그래서 그 성질이나 효능(效能)을 알 수는 없으나, 다만 맛을 보니 매우면서도 약간 독기(毒氣)가 있는 듯하다. 그리고 이것을 복용하는 사람은 하나도 없고 그저 태워서 연기를 들이마시곤 하는데, 많이 들이마시다 보면 어지럼증이 생기기도 하나 오래도록 피운 사람들은 꼭 그렇지만도 않다. 그리하여 지금 세상에서 피우지 않는 사람들을 찾아보면 백 사람이나 천 사람 중에 겨우 하나나 있을까 말까 할 정도이다. 지난번에 절강성(浙江省) 자계(慈溪) 출신인 중국 사람 주좌(朱佐)를 만나 이야기를 들어 보니,

"중국에서는 남초(南草)를 연주(煙酒)라고도 하고 연다(煙茶)라고도 한다. 백 년 전에 벌써 민중(閩中)에 있었는데, 지금은 거의 모든 세상에 두루 퍼져 있으며, 적비(赤鼻)를 치료하는 데 가장 효력을 발휘한다." 하였다. 이에 내가 묻기를, "이 물건은 성질이 건조하고 열이 있어서 필시 폐(肺)를 상하게 할 것인데, 어떻게 코의 병을 치료할 수가 있단 말인가." 하니, 주좌가 대답하기를, "응체(凝滯)된 기운을 흩뜨려서 풀어 주기 때문이다." 하였는데, 그 말도 일리(一理)가 있다고 여겨진다.

위의 기록을 보면 담배나 처음 전래된 이래 빠른 속도로 전파되었던 시대 상황을 알 수가 있다. '그리하여 지금 세상에서 피우지 않는 사람들을 찾아보면 백 사람이나 천 사람 중에 겨우 하나나 있을까 말까 할 정도이다.'는 표현은 과장됨이 있지만 담배가 전 백성에게 보급되었던 상황을 보여준다.

실록에서도 담배에 관한 내용은 쉽게 찾을 수가 있다. 『인조실록』의 기록을 보자.

우리나라 사람이 몰래 담배[南靈草]를 심양(瀋陽)에 들여보냈다가 청나라 장수에게 발각되어 크게 힐책을 당하였다. 담배는 일본에서 생산되는 풀인데 그 잎이 큰 것은 7, 8촌(寸)쯤 된다. 가늘게 썰어 대나무 통에 담거나 혹은 은(銀)이나 주석으로 통을 만들어 담아서 불을 붙여 빨아들이는데, 맛은 쓰고 맵다. 가래를 치료하고 소화를 시킨다고 하는데, 오래 피우면 가끔 간(肝)의 기운을 손상시켜 눈을 어둡게 한다. 이 풀은 병진·정사년간부터 바다를 건너 들어와 피우는 자가 있었으나 많지 않았는데, 신유·임술년 이래로는 피우지 않는 사람이 없어 손님을 대하면 번번이 차[茶]

와 술을 담배로 대신하기 때문에 혹은 연다(煙茶)라고 하고 혹은
연주(煙酒)라고도 하였고, 심지어는 종자를 받아서 서로 교역(交
易)까지 하였다. 오래 피운 자가 유해 무익한 것을 알고 끊으려고
하여도 끝내 끊지 못하니, 세상에서 요망한 풀이라고 일컬었다. 심
양으로 굴러 들어가자 심양 사람들도 또한 매우 좋아하였는데, 오
랑캐 한(汗)은 토산물(土産物)이 아니라서 재물을 소모시킨다고
하여 명령을 내려 엄금했다고 한다.

[『인조실록』 인조 16년(1638) 8월 4일].

'맛은 쓰고 맵다. 가래를 치료하고 소화를 시킨다고 하는데,
오래 피우면 가끔 간(肝)의 기운을 손상시켜 눈을 어둡게 한다.'
는 기록은 담배의 폐단을 지적한 것이고, '신유 · 임술년 이래로
는 피우지 않는 사람이 없어 손님을 대하면 번번이 차[茶]와 술
을 담배로 대신하기 때문에 혹은 연다(煙茶)라고 하고 혹은 연주
(煙酒)라고도 하였다.'는 표현은 담배가 일상화된 시대상을 잘 보
여주고 있다.

3. 담배에 얽힌 사연들

담배를 피우는 일은 어디까지나 개인의 기호였지만, 웃어른이
나 지위가 높은 자 앞에서 담배를 피우는 것은 예의를 갖추는 문
제와 연계되었다. 계곡 장유는 구물흡(九勿吸)이라 하여 담배 피
울 때 주의할 점 아홉 가지를 제시했는데, 그 내용은 이렇다. 임
금 앞에서 피우지 말 것, 관원 앞에서 피우지 말 것, 이른 아침에
피우지 말 것, 잠자리에서 피우지 말 것, 문에서 피우지 말 것, 어
린아이는 피우지 말 것. 이는 주로 타인과의 관계를 고려해 제시
한 것이다.

그러나 무엇보다도 담배가 문제가 된 것은 풍속을 해친다는
점 때문이었다. 안정복은 『호유잡록(戶牖雜錄)』을 인용해 당시

담배 피우는 행위가 풍속을 해치고 있음을 지적했는데, 담배를 피우고 싶은 생각이 들면 길가는 사람에게 달라고 해도 이상하게 여기지 않아 친소(親疏)의 구별이 없으며, 부녀자에게 달라고 하는 것도 싫어하지 않아 남녀의 구별이 없으며, 종에게 달라고 하면서도 수치스러워하지 않아 존비(尊卑)의 구별이 없다는 것이었다. 위의 기록을 보면 담배를 빌리는 인심은 조선시대가 현대보다 훨씬 후했던 것 같다. 그러나 뒤집어 말하면 담배를 빌리는데 체면을 차리지 않았던 것이다. 안정복은 이런 점을 들어 담배는 위의(威儀)를 손상시키고, 버릇을 없게 한다고 했다. 또한 작게는 베개와 이불·옷가지를 태우고, 크게는 궁실과 마을을 태우며, 곡식을 생산해야 할 토지를 줄어들게 한다고 탄식했다.

4. 담배 애호가 정조와 이옥

조선 후기를 대표하는 국왕 정조(1752~1800)는 담배 애호가였다. 정조는 '오로지 학문에만 전념한 지 수십년 만에 가슴이 막히는 병을 얻었고, 왕이 된 후 정사를 보느라 잠을 자지도 못하는 병을 얻었다. 온갖 치료를 다 해 보았지만 효험이 없었는데, 담배로 인하여 가슴이 막히는 병도 저절로 사라졌고, 밤잠도 편히 이룰 수 있었다. 국정을 고민할 때도 담배의 도움을 받았고, 원고를 쓸 때도 담배의 도움을 받았다.'고 술회하고 있다.

또한 정조는 1796년 11월 18일 춘당대에 납시어, 응제에 참여한 신하들에게 '남령초'를 책문의 제목으로 내주고, 많은 문신들에게 담배에 대한 의견을 구하기도 했다.

대표적인 애연가로는 이옥(李鈺 : 1760~1812)이 있다. 이옥은 조선 후기 정조 대의 학자로, 문체가 순수하지 못하다는 이유로 정조로부터 견책을 받아 1795년 9월 13일 서울을 떠나 삼가현에서 충군(充軍 : 군대에 편입됨)된 적이 있다. 1795년 어느날 이옥은 송광사에서 담배를 피우다가 제재를 받았다. 승려는 부처 앞에서 담배를 피우는 것을 무례한 행위로 지적하였다. 이옥은 담배와 향은 모두 연기를 피우는 점에서 같은데 부처 앞에서 향은 피워도 되고 담배는 피워서 안되는 이유를 따졌다고 한다.

1810년 이옥은 담배에 관한 전문 저작집『연경(煙經)』을 펴냈다. 제목은 연기 즉 담배에 대한 경전이라 하여 담배에 대한 위상을 최대한 높였다.

이옥의 담배 사랑은 담배를 의인화한 수필「남령전(南靈傳)」에도 자세히 소개되어 있다.「남령전」은 고려시대 이래 이어진 가전체(假傳體) 문체를 이용해 담배를 의인화한 작품으로, 이옥은 애연가로서 남령초를 너무 사랑하기에 가전으로 짓는다는 의도를 작품에서 밝혔다. 이옥이 32세에 지은 작품「남령전」을 보자.

> 남령은 자(字)가 연(烟)이다. 선조 어른에 담파고(淡巴菰)란 분이 있었는데 숭정(崇禎) 시대에 의술로 명성이 있었다. 일찍이 변방의 아홉 개 군을 떠돌면서 국경을 수비하는 명졸이 앓는 한질(寒疾)을 고쳤다. 몹시 신통하게 고쳐서 그 공훈으로 남평백(南平伯)에 봉해졌다. 그런 이유로 자손들이 남씨를 성으로 삼게 되었다. 남령은 그 지엽(枝葉 : 자손)이다. … 남령은 키가 작고 성질이 사나웠다. 얼굴을 누렇고 검은 빛을 띠었으며, 성품이 몹시 뻣뻣하였다. 병서를 익혔는데 화공(火攻)에 장기가 있었다. … 옛날 모려한담이 남연 및 누룩 아저씨와 더불어 서로 처지를 잊은 친구가 되었다. 그러자 친한 사람들이 물었다. 둘 중에 부득이 하나를 버려야 한다면 누구를 버리겠소? 모두 버릴 수 없소. 그러나 부득이 하나를 버려야 한다면 누룩 아저씨를 버리겠소. 차라리 죽을지언정 남연은 버릴 수 없소.

이옥은 담배를 의인화하여 해학적으로 묘사하면서, 술을 버릴지언정 담배는 절대 버릴 수 없다면서 담배에 대한 무한사랑을 표현하였다.

Ⅱ. 조선에 전래된 고구마 이야기

차가운 바람이 부는 겨울이 되면 늘 생각나는 음식이 있다. 옛날에는 따뜻한 아랫목에서 가족과 함께 먹던 식품이었고, 요즈음에는 포장마차에서 만날 수 있는 식품. 바로 고구마이다. 특히 한겨울 군고구마를 먹으며 손이 새까맣게 되었던 기억은 누구라도 가지는 흔한 기억들이다. 지금은 기호식품으로 주로 활용되고 있지만 처음 조선에 도입되었을 때는 기근을 극복할 수 있는 구황식품으로 각광받았던 것이 고구마였다. 조선 후기 일본에서 전래되어 이제 우리와는 너무나 친숙한 음식, 고구마 이야기를 해볼까 한다.

1. 생존의 문제, 구황식품

고구마와 감자는 무엇보다 구황(救荒)식품으로 활용되었다. 구황식품은 먹거리가 특히 부족했던 겨울과 봄까지 우리 조상들의 목숨을 이어지게 한 중요한 식품이었다. 구황식품은 한자로는 구할 구, 거칠 황, 아주 먹거리가 황폐화된 상태에서 목숨을 구해주는 식품이라는 뜻이다. 조선시대에는 백성들의 먹거리를 해결해주는 것이 국가의 중요한 과제였다. 먹거리의 해결은 지금처럼 복지의 문제가 아니라, 국가의 존립과 생존의 문제였기 때문이다. 『조선왕조실록』에 '구황'이라는 용어가 980여 건 기록된 것은 그만큼 구황의 비중이 컸음을 보여준다. 농업 사회에서 농민의 굶주림은 노동력 상실로 이어지고 이는 국가의 경제력에 막대한 손실을 가져왔다. 따라서 조선시대에는 국가적으로 구황 정책을 펴 나갔다. 국가에서는 주로 '진휼(賑恤)', '진제(賑濟)', '구휼(救恤)', '구제(救濟)'라는 용어를 사용하였다.

『태조실록』에서부터 구황에 관한 기록이 나온다. 태조 6년 9월 16일의 기록에 "경상도는 수재·한재로 인하여 농사를 실패하였으니, 그 도의 감사(監司)로 하여금 군기(軍器)를 월과(月課)하는 것을 파하고, 오로지 구황하는 것을 힘쓰게 하라."는 내용이 보인다. 『세종실록』에는 '흉년에 대비해 일정한 수량의 도토리를 예비하도록 하다.'는 기록(세종 6년 8월 20일)이 나타나 도토리가 구황식품으로 적극 활용되었음을 알 수 있다.

임진왜란 직후인 1593년 『선조실록』의 기록에는 구황이란 단어가 13번 나올 정도로 구황이 중요한 정치, 사회문제임을 짐작하게 한다. 기민 구제를 위해 황해도에서 소금을 굽기도 했다. '황해도의 초도(椒島)·백령도·기린도 등에서 소금을 구워 곡식을 무역(貿易)하는 것이 국가에 피해가 없고 굶주린 백성을 구제하는 데 도움이 된다.'(『선조실록』 선조 26년 7월 1일)는 기록이 보인다. 구황에 관해 체계적인 대책을 수립하기 위해 서적 편찬도 활발히 이루어졌다. 세종 때는 『구황벽곡방(救荒辟穀方)』이 편찬되었으며, 명종 때는 『구황촬요(救荒撮要)』를 언해본으로 편찬하기도 하였다. 선조는 "진휼할 때에 『구황촬요』에 기록되어 있는 상실(橡實)·송피(松皮)·초식(草食) 등의 물품도 조처하도록 하라."는 지시를 내리기도 했다. 소나무 껍질이 대표적인 구황식품임을 알 수 있다. 소나무는 잎을 비롯해 솔방울, 송진, 소나무 껍질 등을 매우 다양하게 구황식품으로 이용되었다. 『숙종실록』의 다음 기록은 이러한 면모를 잘 보여주고 있다. "겨울에 진휼청에서 『구황촬요』에 기재된 바 가정(嘉靖) 연간의 계목(啓目) 중에 솔잎[松葉]을 먹는 방법을 상고해 가지고 민간에 권유하도록 여러 도에 알렸는데, 각 고을에서는 태만하여 이를 거행하지 않았으므로, 민간에서는 골고루 알지 못하고 실행하지 아니합니다. 이렇게 좋은 구황 방법을 다시금 널리 알리지 않을 수 없습니다. … 지방의 백성 중에 모르는 사람이 많이 있으면, 그 고을의 담당관리를 문책하고, 더욱 심한 고을은 그 수령을 처벌할 것입니다. 또 사방의 모든 산의 솔잎은 전례에 따라 채취를 허용한다는 뜻을 널리 알리는 것이 어떻겠습니까?" 하니, 윤허한다고 하였다[『숙종실록』 숙종 12년(1686) 11월 17일].

정조시대의 학자 서유구는 '촉나라에는 토란이 있어 백성들이 덕분에 굶주리지 않았고, 우리나라의 경우를 가지고 말하더라도 소나무 껍질과 칡뿌리로 크게 기근을 구제할 수 있었으니 이는 모두 징험할 만한 일로 이미 시험해 효험을 본 것입니다.'라고 하여 소나무와 칡뿌리가 대표적인 구황식품임을 언급하였다. 소나무 뿌리, 칡뿌리로 연명하던 어두운 시대에 한 줄기 빛과 같은 존재로 다가온 식품이 바로 고구마였다.

2. 고구마의 전래와 재배

조선 후기에는 고구마와 감자가 도입되면서 구황식품으로 적극 활용되었다. 고구마는 17세기 중엽부터 통신사나 조선에 표류한 왜인 등을 통해 그 존재가 서서히 알려지기 시작했다. 그러다가 1763년(영조 39) 일본에 통신사로 갔다 온 조엄이 고구마 종자를 들여와 동래와 제주도에서 시험 재배하였다. 고구마를 '조저(趙菹)'라 하는 것은 조엄이 들영했기 때문이다. 이후 고구마는 흉년에도 잘 자라 주로 제주도와 남부 해안가 지역에서 경작되기 시작했다. 1778년(정조 2) 박제가가 쓴 『북학의』에는 '나라에서 둔전관을 시켜 고구마를 따로 심게 하고, 서울의 살곶이와 밤

섬 등에도 많이 심게 한 적이 있어서, 백성들에게 스스로 심게 한다면 잘 번식할 것이다.'고 하여 고구마가 현재 서울의 뚝섬, 한강의 밤섬 등에서 경작된 정황을 알 수가 있다. 고구마에 대해서는『정조실록』정조 18년(1794) 12월 25일에는 호남 위유사(지방 사정을 살피고 백성을 위무하기 위해 파견한 관리)로 파견된 서영보(徐榮輔 : 1757~1824)가 올린 특별 보고에 고구마의 유래에 대한 자세한 설명이 있다. 주요한 내용을 살펴보자.

"연해 지방 고을에는 이른바 고구마라는 것이 있습니다. 고구마는, 명나라의 명신(名臣)인 서광계(徐光啓)가 편찬한『농정전서(農政全書)』에 처음 보이는데 칭찬을 하며 말하기를 '그것은 조금 심어도 수확이 많고, 농사에 지장을 주지 않으며, 가뭄이나 황충(蝗蟲 : 메뚜기 떼의 피해)에도 재해를 입지 않고, 달고 맛있기가 오곡과 같으며, 힘을 들이는 만큼 보람이 있으므로 풍년이든 흉년이든 간에 이롭다.'고 하였습니다. 수천 마디를 늘어놓으며 이렇게까지 상세하게 말한 것을 보면 그 말이 반드시 속인 것은 아닐 것입니다. 고구마 종자가 우리나라에 나온 것이 갑신년이나 을유년 즈음이었으니 지금까지 30년이나 되는 동안 연해 지역의 백성들은 서로 전하여 심은 자가 매우 많았습니다. (…) 이 곡물은 단지 민절 지역에서만 성하고 우리나라가 종자를 얻은 것도 일본에서였으니, 이것의 성질이 남방의 따뜻한 지역에 알맞다는 것을 알 수 있습니다."라고 하여 1764년과 1765년 영조시대에 고구마가 우리나라에 전래되었다는 것과 고구마가 풍년이나 흉년 모두에 잘 자라나서 구황에 유리한 식품임을 언급하고 있다. 또한 고구마 종자의 도입은 마치 고려시대 문익점이 목화씨를 도입한 것에 버금가는 성과로 이해하고 있기도 했다.

"세상에 이와 같이 좋은 물건이 있어 다행히 종자를 가져오게 되었으니, 국가로서는 마땅히 백성들에게 주어 심기를 권장하고 풍속을 이루게끔 해서 온 나라 사람들이 모두 좋은 혜택을 받기를 문익점이 가져온 목화씨처럼 하여야 할 것입니다. 그런데 번식도 하기 전에 갑자기 가렴주구를 행하여 어렵사리 해외의 다른 나라에서 가져온 좋은 종자를 오래 자랄 수 없게 하고 씨받이 종자까지 먹어버렸으니, 어떻게 종자를 취할 수 있겠습니까."라고 한 기록이 대표적이다.

조선 후기에도 고구마 종자가 번식력이 뛰어나므로 이를 잘 재배해야한다는 생각이 지배적이었다. "남방의 토지 성질은 어디든 고구마 심기에 알맞지 않은 곳이 없는데, 오곡을 심기에 적당치 않은 산밭이나 돌밭에는 더욱 심기가 좋습니다. 그러니 우선 삼남 연해안 고을과 섬 지방부터 널리 심기를 권장하고 차차 토질이 알맞은 곳에 보급시켜 나간다면 서북 지역 외의 6도에는 심지 못할 곳이 없을 것입니다. 제주도의 3읍에 있어서는 아주 작은 섬이라 호령이 행해지기 쉬울 것이고 또 대마도와 마찬가지여서 토질에도 적합할 것입니다. 이렇게 잘 심으면 비록 흉년을 당하더라도 거의 배로 곡식을 실어 나르는 폐단을 제거할 수 있을 것입니다."라고 하여 제주도를 비롯한 남해안 지역에서 고구마가 재배될 수 있음을 강조하였다. 특히 고구마는 "넝쿨이 뻗어나가면서 열매가 생기기 때문에 종자를 전하기가 매우 쉬우니 한 치의 덩쿨이나 고구마 한 알이면 여러 곳에 퍼뜨릴 수 있다."는 지적처럼 보급이 용이한 작물이었다.

19세기 초에 이르면 고구마는 남해안 지역의 특산물이 되어 특히 제주도와 강진의 고구마가 유명하였다. 19세기의 학자 이규경은 그의 백과사전적인 저술 『오주연문장전산고(五洲衍文長箋散稿)』에서 "고구마가 전파된 지 80여 년이 지났지만, 기호지방에는 보급되지 못하고 남방의 연해읍에서 재배되었다."고 소개하고 있다. 이 무렵 기호, 관동 지역에서 고구마의 '최대 라이벌'인

감자가 보급됨으로써 고구마가 확산되지 못한 것으로 풀이된다. 고구마는 20세기 초부터 대량으로 재배되기 시작했으며, 감자와 함께 현재까지 우리 국민이 사랑하는 대표 음식으로 손꼽히고 있다.

3. 고구마에 관한 서적들

고구마의 전래와 더불어 그것에 관련된 서적들도 많이 나왔다. 18세기 말 서호수(徐浩修 : 1736~1799)가 편찬한 농업기술서인 『해동농서(海東農書)』의 '감저조(甘藷條)'에는 고구마의 13가지 이점과 함께, 고구마를 구황작물로 소개하였다. 감저(甘藷)는 '달 감(甘)', '마 저(藷)'에서 나온 것으로, 고구마를 지칭하는 용어로 사용하였다. 1766년(영조 42) 강필리는 『감저보』를 저술했는데, 이것이 우리나라 최초의 고구마 전문서적이다.

1813년에는 김장순과 선종한이 『감저신보(甘藷新譜)』를 지었다. 김장순은 남쪽 해안 지방에서 고구마를 먹어보고 구황작물로 적합하다고 판단하였다. 이후 김장순은 전라도 보성에서 9년 동안 고구마를 연구한 선종한을 만나 서울에서 시험 재배에 성공하여 고구마 재배에 불을 지폈다. 1834년 서유구는 『종저보(種藷譜)』를 저술하여 일본과 중국의 서적을 참조하여 고구마 재배법을 소개하였다.

이외에 서울대학교 규장각한국학연구원에는 저자, 연대 미상의 『감저종식법(甘藷種植法)』이 소장되어 있다. 『감저종식법』에는 고구마 재배법, 구황식물의 이용법에 관한 내용들이 실려 있다. 고구마의 여러 이름인 주저(朱藷), 번저(番藷), 홍산약(紅山藥) 등을 소개한 뒤, 고구마의 성질, 형태, 색, 맛, 요도, 수확량 등 일반적인 특징들을 소개하고 있다.

Ⅲ. 조선에 전래된 감자 이야기

1. 감자의 유입

조선시대에 감자는 북저(北藷) 또는 토감저(土甘藷)라 불렀
다. 고구마를 감저라 한 것과 대비된다. 감자는 북저, 고구마는 남
저 라 하였다. 감자의 유입에 대해서는 북방유입설과 선교사 유래
설(남방 전래설)이 있다. 이규경의 『오주연문장전산고』에 의하면
감자는 19세기 초인 1824년 경 국경인 두만강을 넘어 들어왔다
고 하고 있다. 인삼을 캐려고 국경을 넘어온 청나라 사람들이 산
속에서 감자를 경작해 먹다가 국경을 넘어 돌아가면서 밭이랑 사
이에 감자를 남겨 놓고 갔다는 것이다.

감자의 생김새는 무나 토란처럼 생겼으나 어떤 것인지 알지
못해 우리쪽 국경으로 옮겨 심었는데 크게 번식하였다. 이후 개
시(開市 : 국경 무역)을 통해 중국 상인에게 물어보니 북방 감자
였으며 이후 식량으로 사용하였다고 한다. 이규경은 함경도 명천
부의 김모가 연경에 갔다가 가져온 것이 시초라는 다른 설도 제
시하기도 했다.

감자의 전래에 대한 다른 견해로는 김창한의 『원저보』의 기록
이 있다. 김창한은 영국 선교사에 의해 감자가 전래되었음을 제
시하였다. 1832년 영국 상선이 전라북도 해안에서 약 1개월간 마
물렀는데, 그때 선교사가 감자를 나누어주고 재배법도 가르쳐 주
었다고 한다. 김창한의 아버지가 그것을 주변에 보급하고 김양한
이 그 재배법을 수록하여 『원저보』를 편찬했다고 하여 상당한 근
거를 제시하고 있다.

2. 감자의 보급 과정

감자는 고구마에 비해 전래와 동시에 전국에 널리 퍼지게 된
다. 그러나 초기에는 어려움도 있었다. 함경도 무산의 수령인 이
형재는 감자가 민간에서 구하기 쉽지 않다고 언급하였다. 감자를
재배하면 이익이 많음에도 불구하고 감자를 심으면 농민들이 곡
물을 생산하지 않기 때문에 정부에서 이를 막았다. 그러나 관에
서 금지했지만 농민들은 위험을 무릅쓰고 감자를 심었다. 그만큼
이익이 많았기 때문이다.

이규경의 『오주연문장전산고』에는 감자가 전파되면서 구황과
생계에 도움이 되었음을 언급하고 있다. 즉 감자가 보급된 지 얼
마 지나지 않아 곳곳에서 감자를 심어 이득을 얻고 있으며, 특히
양주, 원주, 철원 등 강원도 지역에서는 흉년에 기아를 면하는 작
물이라고 기록하고 있다. 함경도 경성부 관할 수성역과 20리 떨
어진 산골짜기 촌락에는 50~60호 가구가 있는데 이들은 감자만
심어 1년의 양식을 마련한다고 구체적인 사례를 소개하고 있다.
이외에 『오주연문장전산고』에는 서울에서도 시험삼아 여러차례
감자를 경작했다는 기록이 있다.

감자의 확대는 고구마가 쇠하게 될 것이라는 우려를 낳기도
하였다. 감자는 북쪽에서부터 사방에 퍼져 생산하지 못하는 곳이
없었고, 감자나 줄기만 확보하면 종자를 구하는 것도 어렵지 않
았기 때문이다. 또한 줄기만 꽂아도 살아나는 등 재배가 쉽고 재
배 조건도 까다롭지 않았다. 쉽게 재배할 수 있는 점 때문에 감자
의 생산량은 늘어났고, 이후 감자는 고구마 보다도 백성들의 구
제에 일익을 담당하는 식품이 되었다.

서울에는 1879년 경 선교사에 의해 감자가 도입되었고, 1883
년에는 본격적으로 재배되었다. 1920년경에는 독일산 신품종 감

자 도입, 강원도 난곡 농장에서는 이를 이용해 신품종을 개발하였다. 이 신품종은 화전에 많이 보급되어 산간 지방에서는 주식으로, 평지에서는 보조 식량을 활용되었다.

조선 후기에 도입된 외래작물 감자와 고구마는 구황식물로 조선 후기 식량난 해결에 크게 기여하였다. 그야말로 이국땅에서 조선에 들어와 토종 못지않는 든든한 효자 식품이 되었다.

Ⅳ. 21세기 외래식품의 대세, 커피 이야기

1. 커피의 전래

커피는 커피나무의 종자를 볶아서 만든 가루로, 그 독특한 방향(芳香)으로 널리 애음(愛飮)되고 있다. 인류가 언제부터 커피를 마시게 되었는지 확실하지 않다. 회교(回敎)의 가르침에서 술을 금지하고 있으므로, 술에 대신하는 음료로서 발달한 것으로 보고 있다. 원산지는 아프리카의 에티오피아이다. 이것이 아라비아에 전해졌고 아라비아인은 오랫동안 커피산업을 독점하고 있었다. 유럽에 전해진 것은 1651년이고, 인도에는 17세기 초에 들어 왔다. 커피는 처음에는 커피콩(핵의 껍질을 제거한 종자)을 건조시켜 부수어 달여 약으로 쓰고 있었다. 콩을 볶게 된 것은 13세기경부터이다.

커피는 영어로 'coffee', 식물학적으로는 'coffea'로 불린다. 커피나무에서 생산된 생두(生豆)를 일정 시간 동안 볶은 뒤 곱게 분쇄하고 물을 이용하여 그 성분을 추출해 낸 음료이다. 에티오피아의 'caffa(힘)'에 어원을 두고 있는 커피는 커피나무가 야생하고 있는 지역인 아랍어에서 유래되었다. 'caffa'는 희랍어인

'keweh', 아라비아에서는 'gahwa', 터키의 'kahve', 유럽에서는 'café'로 불렸으며 영국에서는 '아라비아 와인'으로 불리다 1650년경 커피 애호가였던 헨리 블런트경이 커피라고 부르기 시작하면서 현재의 이름을 얻게 되었다.

커피콩의 성분은 카페인·탄닌·단백질·지질·당질 등이다. 카페인의 g당 함유량은 녹차나 홍차보다 낮다. 그러나 이 카페인 때문에 습관성이 생긴다. 그리고 볶은 커피의 특유한 향기는 카페올이고 커피 탄닌의 주성분은 클로로겐산이다. 커피는 클로로겐산 때문에 위장을 자극하기 때문에 공복 때는 피하고 지나치게 마시지 말아야 한다. 또, 카페인이나 탄닌 때문에 설탕을 섞으니 설탕의 과잉섭취가 염려되고, 설탕을 넣지 않은 커피는 위를 다치기 쉬우니 우유를 넣는 것이 좋다. 그리고 커피는 세게 볶을수록 쓴맛이 늘어난다. 인스턴트커피는 1900년대 초에 미국에서 나돌게 되었다. 1944년의 전쟁 때에 군인들의 휴대용 커피로서 크게 생산량이 늘어났다. 전쟁 후에는 인스턴트식품의 물결을 타고 널리 일반화하였다.

2. 커피의 한국 전래

우리나라에는 1882년(고종 19)부터 구미와 일본 등과 수교를 함에 따라 커피가 들어오게 되었다. 고종은 1896년 러시아공사관에 파천하고 있을 때부터 커피를 즐기게 되었다. 이 때의 커피는 모난 설탕덩이 속에 커피가루가 들어 있는 것이었다. 일반인들은 1902년 러시아 공사 웨베르(Karl. Waeber)의 처남의 처형인 손탁(Sontag)을 통해 접하게 되었다고 알려져 있다. 하지만, 1884년부터 한국에서 선교사로 활동한 알렌(Allen)의 저서에는 '궁중에서 어의로서 시종들로부터 홍차와 커피를 대접받았다'고 기록되어 있으며, 선교사 아펜젤러(Heny G. Appenzeller)의 선교단 보고서에는 1888년 인천에 위치한 대불 호텔을 통해 커피가 일반인들에게 판매되었음이 밝혀졌다. 1884년 미국의 천문학자 로웰(Lowell)은 그의 저서 『조선, 고요한 아침의 나라(Choson, The Land of Morning Calm)』에 커피를 대접받았다는 기록을 남겼으며, 유길준의 『서유견문(西遊見聞, 1895년 간행)』에서도 커피가 중국을 통해 조선에 소개되었다고 했다. 이는 고종이 커피를 마시기 수년 전부터 대중들도 이미 커피를 접하고 마셨다는 사실을 증명하고 있다.

1910년경 세종로에 나무시장을 벌인 한 프랑스인은 보온병에 넣어둔 커피를 나무장수들에게 나누어주면서 그 장터에 짐을 풀게 하여 많은 돈을 벌었다고 한다. 이와 같이 하여 커피의 수요가 점차 늘어나 지금은 가장 대중적인 기호음료가 되었다. 3 · 1운동 이후에 일본인이 지금의 명동에 '멕시코'라는 다방을 열었고, 이후 1920~1930년대에 걸쳐 명동을 중심으로 예술 다방들이 번성하였다.

많은 매체에서 한국 최초의 다방으로 1923년 명동의 '후타미(二見) 다방'을 꼽지만, 실제 구한(舊韓) 말의 역사 자료에는 1913년 남대문역에서 문을 연 '남대문역 다방'을 발견할 수 있다. 1915년 조선총독부 철도국에서 발행한 '조선 철도여행 안내' 책자에는 '남대문역 기사텐(喫茶店 : 다방) 내부'라는 글과 함께 이곳의 사진이 실려 있다. 또한 철도 박물관 문서 자료에는 '마츠이 카이치로(松井嘉一郎)라는 일본인 청년이 경성의 잡화점이었던 무라타(村田)를 인수, 조선총독부 철도국 남대문역 기사텐 및 식당차용 물품을 납입하였다'라는 기록도 볼 수 있는데 이를 통해 우리나라에서 커피를 마시기 시작했던 시기를 추정할 수 있다.

3. 커피 전래의 주요 역사

1896년 고종 황제 아관파천 시에 처음 커피를 접함
1901년 : 최초의 호텔식 다방, 손탁호텔 서울 정동에 개관
1920~1930년대 : 명동, 충무로, 종로 등에 예술다방 생김
1945~1950년대 : 미군을 통한 커피 대중화 시대 열림
1970년대 : 동서식품, 국내 최초 인스턴트 커피 생산 시작
　　　　　음악 전문 다방과 DJ 등장
1978년 : 커피 자판기 등장
1990년대 : 캔커피 시장 확대
1999년 : 스타벅스 1호점 이대점 오픈
2000년대~현재 : 커피 전문점 전성시대(1만 5천여 개소)
2011년 커피 수입 11만 7천 톤,
성인 1인 1년에 521잔 커피 마심

4. 『고종실록』에 기록된 '고종 독살설'과 커피

-궁내부대신(宮內府大臣) 이재순이 아뢰기를, "방금 삼가 듣건대, 전하(殿下)와 태자(太子)가 동시에 건강을 상하였다고 하는데 수라(水刺)를 진공(進供)할 때 애당초 신중히 살피지 못하여 몸이 편치 않게 되었으니, 너무나 놀랍고 송구합니다. 거행한 사람들을 모두 법부(法部)로 하여금 철저히 구핵(鉤覈)하게 하고 근본 원인을 조사하여 나라의 형률을 바로잡게 하는 것이 어떻겠습니까?" 하니, 비답하기를, "경무청(警務廳)으로 하여금 근본 원인을 엄히 밝혀내게 하겠다." 하였다[음력으로 올해 7월 10일 김홍륙이 유배 가는 것에 대한 조칙(詔勅)을 받고 그날로 배소(配

所)로 떠나는 길에 잠시 김광식의 집에 머물렀는데, 가지고 가던 손 주머니에서 한 냥의 아편을 찾아내어 갑자기 흉역(|凶逆)의 심보를 드러내어 친한 사람인 공홍식에게 주면서 어선(御膳)에 섞어서 올릴 것을 은밀히 사주하였다. 음력 7월 26일 공홍식이 김종화를 만나서 김홍륙에게 사주받은 내용을 자세히 말하고 이 약물(藥物)을 어공(御供)하는 차에 섞어서 올리면 마땅히 1,000원(元)의 은(銀)으로 수고에 보답하겠다고 하였다. 김종화는 일찍이 보현당(寶賢堂)의 고지기[庫直]로서 어공하는 서양 요리를 거행하였었는데, 잘 거행하지 못한 탓으로 태거(汰去)된 자였다. 그는 즉시 그 약을 소매 속에 넣고 주방에 들어가 커피 찻주전자에 넣어 끝내 진어(進御)하게 되었던 것이다].

[전거:『고종실록』고종 35년(1898) 9월 12일]

−법부대신(法部大臣) 신기선이 아뢰기를, "방금 고등재판소 질품서(質稟書)를 보니 '피고 김홍륙의 공초에 이르기를, 「음력으로 올해 7월 10일 유배 보낼 것에 대한 폐하의 조칙을 받들고 유배지로 떠나던 길에 갑자기 흉악한 반역심이 생겨 아편 담배 1냥중(兩重)가량을 공홍식에게 주면서 섞어서 서양 요리에 올리라는 뜻으로 말하였습니다.」하였으며, 피고 공홍식의 공초에는 이르기를, 「그 약을 받아서 김종화(金鍾和)에게 전해주면서 이 약을 임금에게 올리는 차에 넣는다면 은전(銀錢) 1,000원(元)을 수고한 값으로 주겠다는 뜻으로 부탁하였습니다.」하였습니다. 피고 김종화의 공초에 이르기를, 「그 약을 받아 가지고 보현당에 들어가서 임금에게 올릴 커피차 관(罐)에 넣었습니다.」라고 하였으며, 피고 김영기·엄순석·김연흥·김홍길·강홍근 등의 공초

에 이르기를, 「모두 전문적으로 음식을 만드는 사람들로서 음력으로 올해 7월 26일에 보현당에 들어가서 임금께 올릴 서양 요리를 만들어 올리는 일을 하였습니다.」 하였습니다.”

(전거 : 『고종실록』 고종 35년(1898) 10월 10일)

조선의
뒷골목 풍경,
술집과 음식점

강명관

(부산대학교 한문학과 교수)

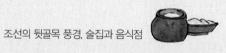
조선의 뒷골목 풍경, 술집과 음식점

조선의 뒷골목 풍경, 술집과 음식점

I. 머리말

'집밥'이란 명사의 유행은 역으로 집 밖에서, 즉 조리된 음식(그리고 술)을 파는 공간에서 식사를 해결하는 것이 이미 낯익은 풍경이 되었음을 의미한다. 외식이란 말이 사라진 것도 같은 의미다. 즉 자본주의 체제 하에서 음식은 상품이 되었다. 이 현상의 의미는 여러 모로 반추할 수 있을 것이다.

다만 음식의 상품화, 달리 말해 조리된 음식을 상품으로 파는 공간의 탄생은 근대에 와서 비로소 이루어진 것은 아니다. 그것은 전 역사시기를 통해 존재했다. 물론 그것의 맥락과 내용은 다를 수 있다. 여기서는 주로 조선시대에 한정하여 시정 공간에서의 술집과 음식점에 대해 간단히 다룰 뿐이다.

II. 주점

먼저 신윤복의 그림 한 점을 보자. 〈선술집〉이다. 이 그림은 조선시대의 술집 그림으로는 유일하게 전하는 것이다. 희귀한 만큼 소중한 그림이다. 그림 내부를 보자. 등장인물은 여자가 1명, 남자가 6명이다.

01 | 신윤복, 〈선술집〉, 서울간송미술관 소장

　먼저 그림 한 가운데 젓가락으로 무언가를 집고 있는 사람이 눈에 들어온다. 이 사람이 조선 후기 유흥계의 총아 별감(別監)이다. 이들은 놀고먹는 곳이라면 빠지는 법이 없다. 해서, 역시 술집의 주고객이기도 했던 것이다. 별감에 대해서는 뒤에 '기방 풍경'에서 자세히 언급하겠다. 별감 옆의 두 사람은 누구인지 알 수가 없다. 그런데 오른쪽의 두 사람 중에서 알 만한 사람이 있다. 가장 오른쪽에 서 있는 사람, 곧 갓이 아닌 모자를 쓰고 있는 사람은 의금부 나장이다. 이 남자가 위에 걸치고 있는 옷은 까치등거리 혹은 더그레라고 하는데, 상세한 모습은 옆의 그림과 같다. 쓰고 있는 모자는 깔때기라고 하는데 정말 깔때기처럼 위가 뾰족한 모자다. 이것이 나장의 복식이다. 의금부는 왕명을 받들어 형장을 써서 죄인을 문초하는 곳으로 꽤나 권세가 있는 곳이었다.

다른 관청에도 물론 나장이 있지만, 끗발은 의금부의 나장이 제일이다. 이 그림은 지금 별감이 안주를 집고 있고, 별감 주위 인물들은 차례를 기다리고 있으며, 나장을 위시한 오른쪽 사람들은 그만 마시고 가자고 성화를 부리고 있는 것으로 보인다.

한 사람이 빠졌다. 맨 왼쪽에 상투 차림으로 있는 젊은 총각은 '중노미'로, 술집에서 일하는 젊은 남자다. 술잔을 나르거나 아궁이에 불을 때거나 하는 허드렛일을 한다. 중노미로 유명한 사람이 있다. 왕태(王太)란 인물인데, 꽤나 유명한 시인이었다. 19세기의 유명한 서화가이자 시인이었던 조희룡(趙熙龍, 1789~1866)은 양반 아닌 축들의 전기집(傳記集)인 『호산외기(壺山外記)』를 남겼는데, 거기에 「왕태전(王太傳)」이 있다. 다음은 「왕태전」에 나오는 이야기다. 왕태는 나이 스물넷에 김 노파가 차린 술집의 중노미가 되어 술잔을 나르는 틈틈이 책을 읽었다. 김 노파는 장사에 방해가 된다고 처음에는 소리를 지르고 말렸으나, 아궁이 불빛에 책을 비춰가며 읽는 열성을 보이자, 기특하게 여겨 하루에 초 한 자루씩 주며 열심히 하라고 격려를 하였다. 공부에 큰 진전이 있었음은 두말할 필요가 없다. 왕태가 어느 날 창덕궁 금호문(金虎門) 밖 움막에서 『서경(書經)』을 읽고 있는데, 정조(正祖)의 총신(寵臣)이었던 윤행임(尹行恁, 1762~1801)이 지나가다 듣고 불러보니 봉두난발에 때가 덕지덕지 한 거지 중에 상거지가 나타나는 것이 아닌가? 내력을 찬찬히 물어보고 그가 '강청야소연(江淸夜少烟)'이란 유명한 시구를 지은 왕태인 줄을 알게 되었다. 대궐에 들어가 정조에게 아뢰었더니, 정조는 왕태를 불러 시를 지어 보라 명했고, 왕태는 순식간에 가작(佳作)을 써냈다. 이 작품이 세간에 퍼진 것은 물론이다. 정조는 왕태에게 장용영의 말단직을 주어 녹을 받아먹게 하였다. 훗날 왕태는 송석원시사(松石園詩社)라고 하여 인왕산 기슭에 있었던 서리(書吏)들시사의 핵심 구성원으로 활동한다. 술집 중노미로는 가장 출세한 인물일 것이다.

각설하고, 이 그림의 술집은 선술집이다. 왜 선술집인가? 선술집이란 이름은 지금도 드물게 쓰이고 있다. 대개 부담 없는 '쌈직한 술집'이란 뜻이다. 그러나 의외로 정확한 뜻을 아는 사람은 드물다. 선술집은 술꾼들이 서서 술을 마시기 때문에 선술집이라 부르는 것이다. 국고(國故)에 해박했던 김화진(金和鎭) 선생은 선술집에 대해 귀중한 기록을 남겼는데, 이에 의하면 선술집에서는 백 잔을 마셔도 꼭 서서 마시고 앉지 못하였다고 한다. 만약 앉아서 마시는 사람이 있다면, 다른 술꾼 패거리가 "점잖은 여러 손님이 서서 마시는데, 버르장머리 없이 주저앉았담. 그 발칙한 놈을 집어내라"고 하면서 시비를 걸었고, 이 때문에 큰 싸움이 벌어지기도 했다고 한다. 그래서 앞의 그림에도 앉아 있는 사람은 아무도 없다. 언젠가 국립민속박물관에서 이 그림을 재현해 놓은 것을 보았는데, 술 마시는 사람을 인형으로 만들어 마루에 앉혀 두어서 보기에 민망했다.

선술집을 다른 말로 목로주점이라고 한다. '목로'란 한글학회에서 펴낸 『우리말 큰사전』을 보면, "술청에서 술잔을 벌여놓은 상. 가로가 썩 길고 좁으며 전을 붙여서 목판처럼 되었다"라고 되어 있다. 즉 술잔을 벌여놓은 가로로 길고 좁은 목판을 말하는 것이다. 그런데 앞의 그림에는 그런 목판이 없다. 솥 옆에 사발이 네 개 있을 뿐이다. 술잔은 주모 뒤의 시렁에 얹혀 있다. 김화진의 증언은 20세기 초의 것이라, 신윤복의 시대와 다른 것인가? 아니면 선술집마다 약간씩 시설에 차이가 났던 것인가? 알 수 없는 일이다. 그러나 이것을 제외하면 김화진의 증언은 대체로 이 그림과 일치한다.

목로의 시설은 사방이 터진 온돌에 큰 쟁개비[鍋]를 걸고서 언제든지 물을 끓게 한다. 그 옆에는 주인이 앉아 있고, 주인의 뒤에는 목판을 비스듬히 세운 데에다 각색 마른안주를 전시한다. 마른안주는 우포(牛脯)·어포(魚脯)를 주로 하고 기타의 종류도 퍽 많았는데 모두 기억할 수 없다. 또 한편에는 진안주를 큰 목판에 넣어놓는다. 진안주는 너비아니·날돼지고기·삶은 돼지고기·편육(片肉)과 빈대떡·떡산적, 그리고 시절에 따라 구운 생선과 회 등속이다. 그 앞에는 긴 마루상을 놓아 술잔과 안주접시를 놓게 하고, 조금 떨어진 데에다가 큰 화덕을 세우고 숯불을 이글이글 피운 석쇠를 걸어놓았다. 그 앞에는 중노미가 큰 젓가락을 들고 대기한다.

앞의 그림에는 안주를 전시한 공간은 보이지 않는다. 아마도 다른 곳, 즉 중노미 옆쪽에 있었던 것이 아닌가 한다.

목로주점에서 술을 먹는 방식은 술 한 잔에 안주 하나이다. 지금은 술과 안주를 각각 셈하지만, 조선시대 목로주점에서는 술값에 안주가 포함되어 있었다. 술꾼이 목로주점에 들어와 젓가락 통에서 젓가락을 집어 들고 진안주를 집어 석쇠 위에 놓고 목로 앞에 와서 "두 잔 내요"라고 하면, 주인은 '구기'로 술단지에서 손님이 말한 잔 수대로 떠서 옆에 있는 양푼에 붓고 술잔을 늘어놓는다. 앞의 그림에서도 주모가 '구기'로 술을 떠서 양푼에 옮기고 있다. 양푼이라고 했지만, 이건 김화진 선생의 말이고, 앞의 그림에는 양푼 대신 아가리가 넓은 푼주(국자 앞에 있는 그릇)를 쓰고 있다. 구기는 술 같은 것을 떠내기 좋게 자루가 수직으로 달려 있다.

주모는 술이 든 양푼을 쟁개비(뚜껑이 없는 냄비같이 생긴 것)의 끓는 물에 넣어 찬 기운을 없앤다. 이것을 냉기를 없앤다 하여 '거냉(去冷)'이라고 한다. 앞의 그림에는 쟁개비가 아니라 무쇠솥이 걸려 있다. 주모는 양푼을 물에 뻥뻥 돌릴 때와 술잔을 늘어놓을 때, 세마치장단처럼 뚝딱뚝딱 소리를 내서 주객의 흥취를 돋운다고 한다. 술값 계산은 술꾼이 잔을 입에서 뗄 때 중노미가 안주접시를 목로에 놓으면서, "몇 잔 안주요" 하고 말해 잔 수를 계산해 준다. 이것이 선술집에서 술을 파는 방식이다.

　이런 술집을 누가 경영했을까? 시정의 술집이 기록에 남을 리만무하다. 다만 한 가지 드문 사례가 있다. 『호산외기』에 「김양원전(金亮元傳)」이란 작품이 있다. 김양원은 양반이 아닌 시정인으로, 젊어서 유협(遊俠 : 협객) 노릇을 했고, "계집을 사서 목로에 앉히고 술장수를 했다"고 한다. 그는 평생 기생집과 도박장을 떠돌았지만, 체구가 워낙 당당하고 생김새와 기세가 사나운지라 시비를 붙는 놈이 없었다고 하니, 술집을 낼 만한 사람이 아니겠는가? 이처럼 시정 공간의 왈패 같은 사람이 술집을 차렸던 것으로 생각된다. 김양원은 뒷날 협기(俠氣)를 버리고 시인으로 행세하지만, 그가 목로를 차려 여자를 고용해 영업을 했던 것은 분명한 사실이다. 서울 시내에는 목로주점이 꽤나 많이 있었고, 목로주점을 드나드는 것이 마치 풍속처럼 여겨지기도 했다. 유만공(柳晩恭, 1793~?)의 『세시풍요(歲時風謠)』에 실린 시를 보자.

주등(酒燈) 높이 걸리고 널문이 열렸는데	酒燈故掛板門開,
탁자 위에 대접이며 접시, 술잔이 어지럽다.	一桌紛然椀楪杯.
서늘한 지붕 아래 한밤중 돼지고기 구우니	午夜燒猪凉屋下,
길 가던 이들 냄새 좇아 몰려오는구나.	行人多逐膩香來.
밤 깊어 주렴 사이 주등 은은히 비치는데	深夜簾燈隱映光,
고운 계집 졸음 겨워 안방으로 들어간다.	嬌姬就睡入重房.
더벅머리 중노미 술청에 대신 앉았으니	壚頭替坐蓬頭漢,
낭패로다, 술과 계집을 찾아온 사내여.	狼狽來尋色酒郎.

　첫 번째 시는 선술집의 안주가 주객(酒客)을 불러 모으는 장

면을 그린 것이다. 두 번째 시의 내용은, 술청에 앉아 있던 계집이 밤이 깊어 방안으로 들어가고, 대신 중노미가 술청을 지키고 있어, 계집의 얼굴을 보러 온 주객이 낭패를 당했다는 것이 아닌가? 술도 술이거니와 술청 앞의 계집이 주객을 유인하였던 것이다. 예나 지금이나 술꾼의 생리는 같은 법이다.

　시정의 술집 같은 공간에 대한 기록이 많이 남아 있을 리 없으니, 그런 점에서 김화진의 증언은 매우 소중하다. 김화진에 의하면, 목로주점 외에 내외주점·색주가 등이 있었다. 내외주점은 주인과 손님이 서로 만나지 않고 내외를 한다고 해서 그렇게 부른다. 또는 '앉침술집'이라고도 하는데, 이는 선술집이 서서 마시는 데 반해 앉아서 술을 마시기 때문이다. 목로보다는 조금 고급한 술집인 것이다. 내외주점의 외양은 가정집이지만, 대문 옆에 '내외 주가'라고 써서 술병 모양을 둘러 붙여두었다고 한다. 이 술집에서는 매운탕 같은 국과 당장 만들기 어려운 마른안주를 준비하여 두고 손님을 기다린다.

　내외주점은 일반 가정에서 접대할 손님이 갑자기 찾아와 안주 준비가 곤란하고 목로주점으로 가기에는 좀 실례가 될 경우 찾아가는 곳이다. 이 술집에 들어가는 법이 매우 흥미롭다. 우선 중문을 약간 두드리면서 "이리 오너라" 하고 부르면, 안에서 식모나 소녀를 시켜 어디서 오셨느냐고 묻는다. 손님이 술 마시러 왔다고 하면, 식모가 대문 안 중문간에 세워둔 돗자리와 방석을 펴놓고 들어가, 매운탕과 묵과 편육을 놓은 간단한 술상을 차려 내놓는다. 만약 심부름하는 사람이 없을 경우 술손님이 중문간에서 술을 청하면 주인여자가 이렇게 말한다.

　"황송하오나 이 집에는 심부름할 사람이 없으니, 손님께서 거기 있는 자리를 깔고 계시라고 여쭈어라."

　그러면 주객들이 자리를 깔고 중문에다 대고 소리친다.

"술상 내보내시라고 여쭈어라."

그러면 주인여자가 중문 뒤에서 문을 조금 열고 술상을 놓고 가고, 주객들은 그 상을 집어다가 술을 마신 뒤에 술을 더 청하려면, 중문을 조금 밀고 주전자를 놓으면서 이렇게 말한다.

"한 주전자 더 내보내시라고 여쭈어라."

그러면 주인여자는 말없이 술만 내다놓고 간다. 술을 다 마신 뒤에는 주객들이 중문간에 대고 이렇게 말한다.

"몇 주전자가 나왔으며, 값이 얼마냐고 여쭈어보아라."

이에 주인이 대꾸한다.

"몇 주전자요. 한 주전자 값이 얼마라고 여쭈어라."

주객들은 들은 대로 술값을 상에 놓은 뒤 중문간에 대고 이렇게 말하고 나간다.

"잘 먹고 갑니다고 여쭈어라."

이렇듯 남녀 사이에 내외를 하기 때문에 내외주점이라 하는 것이다. 목로와 달리 내외주점은 잔 수로 계산하지 않고 주전자 수로 계산하는데, 최소한 세 주전자는 마셔야 하고 만약 그 이하를 마시면 안주 값이 손해가 난다. 따라서 한두 주전자를 마셔도 세 주전자 값을 내는 것이 관행이었다고 한다. 또 네 주전자를 넘으면 주인이 안주를 하나씩 더 보내고, 술꾼이 무엇을 더 달라고 청하기도 했다는 것이다.

그 외 이색적인 주점으로 색주가가 있는데, 여자가 노래를 하고 아양을 떨며 술시중을 드는 곳이다. 물론 노래는 잡가(雜歌)만 부른다. 색주가는 홍제원에 집단적으로 있었고, 뒤에 이것을 본 떠 남대문 밖 잰배[紫巖]와 서울 탑골공원 뒤, 그리고 동구안[授恩洞] 서편 뒷골목에 집단으로 있었다고 한다. 물론 잰배 등의 색주가가 언제 생겼는지는 미상이다.

색주가의 문 앞에는 용수(싸리나 대를 엮어 만든, 술을 뜨거나

장을 거르는 물건)에 갓모(비 올 때 갓 위에 쓰는 모자)를 씌워
긴 나무에 꽂아 세우고, 그 옆에 자그마한 등을 달아놓는다. 낮에
는 나무에 용수 씌운 것으로 표시를 한다. 집집이 긴 나무를 세운
것과 가로등이 없을 때 등불을 꽂아둔 것으로써 서울 유흥가의
풍물을 형성하였다. 그 거리는 저녁때가 되면 집집마다 등불이
반짝반짝한데, 용수 씌운 나무 아래에서 화장을 짙게 한 여자들
이 가느다랗게 잡가를 부르며 있다가 사람이 지나가면, "이 집은
술맛도 좋고 색시도 예쁘니 한잔 잡숫고 가시지요" 하기도 하고,
혹 손을 끌어 잡기도 하였다. 당시 주객들이 목로에서 취한 뒤 여
자의 노래나 듣고 장난이나 하려고 여흥으로 가는 일이 많았다.

색주가의 포주는 대개 왈패로서 포도청 포교들의 끄나풀이다.
또 그 여자들은 가벼운 범죄자의 딸이나 누이들을 위협하여 데려
오기도 하고, 시골의 어수룩한 집 여자들을 유인하여 잡가를 가
르쳐 매소(賣笑)를 시킴으로써 영업을 하여 매월 포교들에게 얼
마씩 바쳤다. 색주가는 안주도 형편없고 술도 심심한 것이 주전
자만 왔다갔다 하고 한 순배에 얼마씩 바가지만 씌웠으므로, 술
꾼들도 그런 줄 알고 들어서고, 몸조심하는 사람은 가지 않았다
고 한다.

색주가에 관기(官妓)가 제공하는 것과 같은 예능이 있을 수
없다. 이들은 노래도 잡가만 부르고 시조나 가곡은 부르지 않았
다 한다. 색주가는 오로지 술꾼들의 주머니를 털어내는 것이 목
적이니, 술이 맹탕일 수밖에 없다. 요즘에도 이런 술집은 있다. 모
두 생각해 보시기를. 색주가 그림으로는 구한말 김준근(金俊根)
의 것이 있는데, 색주가를 특징 짓는 그런 모습은 없다. 하지만
여자를 앉히고 술을 마시는 장면을 포착한 유일한 그림이다.

서울 시정에 값을 치르고 술을 사 먹을 수 있는 공간이 언제
생겼는지는 미상이다. 나는 조선 전기 기록에서 시정 술집에 대

해 증언한 기록을 본 적이 없다. 술집에 관한 기록이 워낙 드물기도 한데, 18세기 이전으로 거슬러 올라가는 것은 거의 없다. 기록이 나오는 것은 영조 대부터이다. 영조 대는 특히 금주령이 지속적으로 추진된 시기였다. 영조는 재위 2년(1726) 10월 13일에 붕당과 사치와 금주에 대한 조목을 유시하였는데, 이것이 그의 치세 동안 유지된 금주령의 시작이었다. 영조는 재위 7년 12월 29일 「계주문(戒酒文)」을 내리고 자신부터 금주를 실천해 나갔다. 1724년에 즉위하여 1776년까지 무려 53년을 왕위에 있었는데, 거의 반세기 동안 금주 정책을 일관되게 유지하였다.

『영조실록』 4년 6월 18일 조를 보면 형조판서 서명균(徐命均, 1680~1745)은 영조에게 이렇게 말하고 있다.

> 근래 도민(都民)의 살 길이 점점 어려워져서 술을 팔아 생업으로 하는 자가 날로 더욱 많아지고 그 가운데에서 많이 빚은 자는 혹 1백 곡(斛)이 넘기도 하였으나, 시가가 뛰어올라 싸움을 벌이고 구타하며 살상까지 한다 합니다.

먹고 살기가 어려워 술을 빚어 파는 사람이 늘어났다는 이야기이다. 이는 영조의 금주 정책과 상반되는 것이었고, 따라서 술집을 없애고자 하는 강력한 정책이 추진되었다. 이 과정에서 별별 사건이 다 일어났다. 법부(法部 : 한성부와 형조)의 아전들은 금주령을 빌미로 술집을 협박하여 돈을 뜯어내었고, 포도청의 과잉 단속 과정에서 술집 주인이 옥사(獄死)하고 아버지와 조모가 충격을 받아 사망하는 일까지 일어났다. 지금이나 예전이나, 이럴 때일수록 특권을 빙자하여 법망을 벗어나 홀로 돈을 버는 축들이 있는데, 송교(松橋) 근처의 큰 술집 하나는 내자시(內資寺)에서 도장을 찍은 문서를 내걸고, 임금에게 바치는 술이라 하여 법부에서 손대지 못하게 하고 마음대로 영업했다가 처벌을 받기

도 했다. 그런가 하면 함정단속도 있었다. 『영조실록』 32년 1월 9
일 조에는 형조의 낭관이 술집에 사람을 보내 술을 사서 마시게
하고, 그것을 적발하여 처벌한 사건이 있었는데, 함정수사라 하
여 형조 낭관이 처벌을 받았다.

영조 대는 금주의 시대였으나, 정조 대에 오면 금주령이 사뭇
느슨해진 것으로 보인다. 그에 따라 술집에도 변화가 일어났는
데, 그것을 좌의정 채제공(蔡濟恭, 1720~1799)은 정조에게 이렇
게 말하고 있다.

> 비록 수십 년 전의 일을 말하더라도, 매주가(賣酒家)의 술안주
> 는 김치와 자반에 불과할 뿐이었습니다. 그런데 근래에 백성의 습
> 속이 점차 교묘해지면서, 신기한 술 이름을 내기에 힘써 현방(懸
> 房)의 쇠고기나 시전(市廛)의 생선을 따질 것도 없이 태반이 술안
> 주로 돌아갑니다. 진수성찬과 맛있는 탕[妙湯]이 술단지 사이에
> 어지러이 널려 있으니, 시정의 연소한 사람들이 그리 술을 좋아
> 하지 않아도 오로지 안주를 탐하느라, 삼삼오오 어울려 술을 사서
> 마십니다. 이 때문에 빚을 지고 신세를 망치는 사람이 부지기수입
> 니다. … 시전의 찬물(饌物) 값이 날이 갈수록 뛰어오르는 것은 바
> 로 이 때문입니다.

이 희귀한 자료로 여러 가지를 추측할 수 있다. 원래 서울 시
정 술집의 안주란 김치와 자반 등에 불과하였으나, 정조 대에 와
서 고급으로 바뀌었다는 것이다. 즉 정조 대에 와서 서울 시정의
술집이 급격하게 고급화(?)되었던 것이다. 그리고 안주 값 때문
에 빚을 지고 파산하는 자가 부지기수라고 하니, 매주(買酒) 풍속
이 급속도로 확산되었음을 알 만하다.

『정조실록』 14년 4월 26일의 기록을 보자. 대사간 홍병성(洪
秉聖)의 말이다.

나라를 다스리는 방도는 재정을 넉넉히 하는 것보다 앞설 것이 없는데, 식량을 낭비하는 것으로 술보다 더한 것은 없습니다. 근래 도성 안에 큰 술집이 골목에 차고 작은 술집이 처마를 잇대어 온 나라가 미친 듯이 오로지 술 마시는 것만 일삼고 있습니다.

요지는 금주령을 내려 술을 빚지 못하게 하면, 몇 달 안에 서울 5부 안에서만도 몇만 섬의 곡식을 얻을 수가 있다는 것이다. 물론 정조는 완곡하게 반대하였다. 어쨌든 정조 이래로 술집이 폭발적으로 늘어났음은 불문가지다. 『순조실록』을 보면 3년 8월 9일에 사간 이동식(李東埴)은 물가가 오르고 백성들의 생활이 고생스러운 원인이, 서울 시내 쌀이 모두 술 빚는 집으로 들어가고 저자의 어육(魚肉)이 죄다 술집으로 돌아가는 데 있다고 주장하고, 금주령을 내려 단속을 강화해야 한다고 요구했다.

영조 대의 금주령 시대를 지나 정조 대에 와서 서울 시정의 술집은 폭발적으로 늘어나고 꽤나 고급화되기 시작하였다. 그리고 술집을 찾는 것이 마치 서울의 풍습처럼 되면서 당연히 술집에서는 싸움이 그치지 않았다. 『영조실록』 51년 2월 25일의 기록을 보면 술집에서 벌어진 난투극의 일단을 짐작할 수 있다. 술집에서 액례(掖隷)와 포교가 싸움을 벌였는데, 포교가 액례를 결박하자 임금이 형조에 명하여 죄를 다스리게 하였다. 그런데 형리(刑吏)가 포교를 붙잡아 오는 과정에서 액례들이 무리를 지어 포교를 구타해 거의 죽을 지경에 이르게 하였다고 한다.

서울 시정에 언제부터 상업적 주점이 생겼는지는 분명하지 않다. 다만 추측할 수 있는 것은 조선 후기에 와서 금속화폐가 본격적으로 유통되기 시작한 후에 주점이 출현한 것이 아닌가 한다. 또 18세기에는 농업량이 증가하고 상업이 전에 비해 상대적으로 발달하였던 바, 여기에서 발생한 약간의 경제적 잉여가 주점과 같은 유흥적 · 소비적 공간의 출현을 촉발시킨 것으로 보인다.

지방에 술집이 출현한 것도 조선 후기일 것이다. 지방 교통의 요지에 있는 술집을 술막이라 하는데, 그것도 상당한 내력이 있다. 먼저 원(院)부터 간단히 언급해 보자. 나라를 경영하자면, 공무로 여행을 떠나는 관원이 없을 리 없다. 이런 공무 여행객을 위해 국가가 설치해 운영하는 여관이 있다. 원(院)이 그것이다. 원은 조선시대에 약 1,300곳 정도 있었다. 지금도 원의 흔적이 남아 있는 곳이 있다. 이태원, 홍제원, 사리원, 요로원 등 '원'이란 말을 끝에 붙이고 있는 지명은 대개 조선시대에 원이 있던 곳이다. 원은 본래 여행하는 관원을 위해 설치한 것이지만, 상인이나 기타 일반 여행객도 사용할 수 있었다. 하지만 원을 구체적으로 어떻게 경영했는지 세부적 사항은 알 길이 없다.

원(院)이 공용 내지는 관용 여관이라면 주막은 당연히 사설 여관 내지 음식점이다. 주막이 언제부터 생겨났는지는 모르지만, 조선 전기에도 있었던 것은 자료로 확인이 된다. 임진왜란 이전을 살았던 유희춘(柳希春, 1513~1577)은 1574년 경연에서 선조에게 이런 말을 하고 있다. "경기도 일대의 숯막(炭幕)은 여행하는 사람들이 숙박하는 곳인데, 도둑들이 쳐들어가서 협박하고 그 집을 불태웁니다. 서울 안에서도 밤에 또한 도둑이 많다고 합니다." 이 자료로 임진왜란 전부터 주막이 여행자들의 숙박처였던 것을 알 수 있다.

재미난 것은 여기서 주막을 숯막(炭幕)으로 쓰고 있다는 것이다. 주막은 숯을 굽는 곳이었던가? 이덕무의 「서해여언(西海旅言)」이란 기행문에 해답이 있다. "술과 숯은 발음이 서로 비슷하므로 술막(酒幕)이 와전되어 숯막(炭幕)이 된 것이다." 이것이 술막이 숯막이 된 이유다.

조선 전기 주막에서 제공하는 서비스는 좀 한심한 수준이었다. 윤국형(尹國馨, 1543~1611)이 쓴 『갑진만록』에 이런 기록이 나온다.

　　중국은 방방곡곡 점포가 있고 술과 음식, 수레와 말을 모두 갖추고 있다. 비록 천리 먼 길을 간다 해도 단지 은자 한 주머니만 차고 가면 자신이 필요한 모든 것을 구할 수 있으므로 그 제도가 아주 편리하다. 하지만 우리나라 백성은 모두 가난하여 시전이나 행상 외에는 물건을 사고파는 것이 무엇인지 알지 못하고 오직 농사로만 살 뿐이다. 호남과 영남의 대로에 주점이 있기는 하지만, 여행하는 사람이 도움을 받는 것은 술과 물, 꼴과 땔나무에 지나지 않는다. 그래서 길을 떠나는 사람은 반드시 여행에 필요한 물건을 싣고 가는데, 먼 길일 경우 말 세 마리에 싣고 가까운 길이라도 두 마리 분량은 되기에 우리나라 사람들이 괴로워한 지가 오래다.

　　경리(經理) 양호(楊鎬, 임진왜란 때 참전했던 명나라 장수)가 우리나라에 와서 중국을 모방해 연로에 점포를 개설해 그 지방 사람들이 물건을 대도록 했으니 정말 좋은 생각이었다. 하지만 습관을 바꾸기 어렵고 재력이 미치지 못하여 사람들이 그렇게 하려고 들지를 않았다.

　　수령들은 책임을 면하기 위해 중국 장수들이 지나갈 때면 관에서 물건을 갖추어 길옆에 진열하여 사고파는 듯 보여주다가 지나가고 나면 다시 거두었으니, 아이들 장난만도 못한 짓이라, 중국 사람들에게 비웃음 사고 말았으니, 한심한 일이다.

주막이란 술이나 물, 꼴, 땔나무를 공급할 뿐이고, 먹을 양식과 이부자리 같은 것은 여행객이 모두 갖추어가지고 떠났던 것으로 보인다.

주막이 본격적으로 늘어난 것은 역시 임진왜란 병자호란 이후다. 전쟁의 상처가 가라앉고, 대동법 같은 상업을 자극할 수 있는 법령의 제정과 일본과 중국을 잇는 중계무역의 발달, 그리고 농업에서 발생한 잉여 등이 상업을 자극하자, 물자의 이동이 보다 활발해졌던 것이고, 이에 여행객에게 술과 음식, 그리고 숙박을 제공하는 주막들이 제법 번성하게 되었던 것이다. 주막은 교통의 요지에 있기 마련이고, 그곳에 들르는 사람은 상인이나 공무로 여행하는 사람들이 대부분이었기에 강도가 노리는 곳이기도 하였다. 『영조실록』32년 윤9월 5일조에 의하면, 창과 칼로 무장한 도적이 성환(成歡) 주막에 돌입해 사람을 해치고 공주와 영동에서 상납하는 군포전(軍布錢)을 빼앗아 갔다고 하니, 그 사정을 알 만하다.

이제 주막을 이용한 사람들의 기억을 더듬어 보자. 조선 후기 시인으로 이름이 있었던 김창흡(金昌翕, 1653~1722)은 1702년 호남 일대를 여행하는데, 천안의 주막에서 아침을 먹고는 주막에서 여행객들에게 팔기 위해 늘어놓은 떡과 술을 보고 곡식을 쓸데없는 데 허비하는 해로움을 알았다고 말하고 있다. 암행어사가 이용하는 숙박처도 당연히 주막이다. 신정(申晸, 1628~1687)은 1671년 9월 1일 암행어사로 임명된다. 하지만 임무 수행지가 영남으로 정해진 것은 14일이었고, 그는 그날 출발한다. 그의 암행어사 수행 일기인 『남행일록(南行日錄)』을 읽어보면 주막에서 잔 기록이 나온다. 그는 15일 숙소를 새벽에 출발하여 지금 판교의 주막에 도착하여 아침을 먹는다. 점심은 용인 어증포(魚曾浦) 주막에서 먹고, 그 날 밤은 금량역(金梁驛)에서 잔다. 역에서 잔 것은 그가 암행어사였기 때문이다. 그는 민간에서 여러 날 묵는다. 그러다 20일에 조령 고사리(高沙里) 주막에서 아침을 먹었고, 점심 때는 다시 용추의 주막에 들른다.

귀양객도 주막에서 자지 않을 수 없다. 송상기(宋相琦, 1657~1723)는 신임사화 때 소론의 탄핵을 받아 1722년 1월 전라남도 강진으로 귀양을 가는데, 이때의 기록이 『남천록(南遷錄)』이다. 그는 1월 2일 한강을 건너 과천에서 하루를 자고, 3일 정오에 미륵당 주막에 도착하여 밥을 먹고, 그 날 밤은 수원에서 잔다. 이후 간간이 주막에 들른 이야기가 나온다. 8일에는 이산(尼山)의

수령 윤의래가 경천(景天)의 주막에서 기다리고 있었다 하고, 그
날 이산의 주막에 도착했다고 한다. 9일에는 오목(五木) 주막을
지나다가 우연히 상경하는 이보혁을 만나 주막에 들렀다 하였고,
10일에는 참례(參禮) 주막으로 송사윤이 찾아왔다고 말하고 있
다. 이런 경우를 보면 잠은 주막 아닌 민가에서 잘 수도 있지만
식사는 주막에서 해결하는 것이 보통이었던 것이다.

Ⅲ. 음식점

앞서 인용한 유만공의 『세시풍요』에 실린 시 한 수를 더 보자.

> 옛날 이름이 짜아 했던 군칠이집　　　　　　藉藉當年君七家,
> 요사이 가게들 으레 그 이름 빌리지만　　　　至今街肆借名多.
> 평양냉면, 개성 산적이야　　　　　　　　　西京冷麵松京炙,
> 흉내도 못 내니 그를 어이 하리오.　　　　　倣樣來難奈爾何.

군칠이집이라 부르는 술집에서 서경, 곧 평양의 냉면과 송경
곧 개성의 고기구이를 판다는 것이다. 이 시에 주석이 붙어 있는
데, 이렇다. "술집에는 옛날에 군칠이란 사람이 있었는데, 술을
잘 빚는 것으로 이름이 나서 지금도 술집을 군칠이집이라 한다."
곧 군칠이집이 술집인 것이고, 여기서 냉면을 팔았던 것이다. 그
는 『세시풍요』의 다른 시에서 "냉면집, 탕반집 길가에서 권세를
잡고 있으니, 다투어 들어가려는 사람들 세도가 문전 같네(麵局
湯坊當路權, 爭登人似勢門前)."라고 말하고 있으니, 19세기 전반
서울 시정의 음식점에서 냉면집이 가장 인기가 있었던 것이다.
한편 '군칠이집'은 개장국집을 지칭하는 명사로도 쓰였으니, 이
런 자료들을 종합해 보면, 『세시풍요』가 쓰인 19세기 전반에 서

울 시내에 개장국, 냉면, 탕반을 파는 곳이 있었음을 알 수 있을 것이다. 한편 이런 음식점이 19세기에 갑자기 생기지는 않았을 것이니, 그 출현은 18세기로 거슬러 올라갈 수 있을 것이다. 이 중에서 자료가 상대적으로 많이 남아 있는 개장국과 냉면집에 대해 살펴보기로 하자.

02 | 김준근, 〈개장수〉

유득공(柳得恭)의 『경도잡지(京都雜志)』에 의하면 개장국을 먹는 것은 복날 풍속이다. "개고기를 총백(蔥白, 파의 밑동)과 섞어 푹 찐다. 닭고기나 죽순을 넣으면 맛이 더욱 좋다. 이것을 '개장(狗醬)'이라 부른다. 혹 국을 끓여 고춧가루를 뿌려 흰 쌀밥을 말아서 먹기도 한다. 이것을 먹고 땀을 내면 더위를 물리치고 허한 기운을 보충할 수 있다." 유득공은 "『사기』에 '진(秦)나라 덕공 2년 처음으로 복날 제사를 지냈다. 사대문에서 개를 잡아 충재(蟲災)를 막았다"고 한 것을 복날에 개를 잡아먹는 풍습의 시초로 보고 있다.[1] 『예기』 「내칙(內則)」에도 개고기에는 차조가

---

1) 柳得恭, 「伏」, 歲時, 『京都雜志』 권2.

잘 어울린다고 하고 있으니, 아마도 개는 가축이 되면서부터 식
용이 되었을 것이다.

　유득공의 기록에 의하면 개장은 원래 개고기를 찐 것이었고,
지금의 국에 밥을 말아 먹는 스타일과는 달랐던 것으로 보인다.
"개고기를 푹 찐다"는 부분의 원문은 '爛蒸'이다. 찐다는 의미
의 '蒸'자를 쓰고 있다. 그리고 "다시 국을 만든다(又作羹)"라 하
고 있으니, 원래 개장은 찌는 요리였던 것이다. 개고기 찜으로 말
할 것 같으면, 정조의 어머니인 혜경궁 홍씨의 회갑연 때도 개고
기찜이 올랐으니, 개고기찜은 왕실에서도 먹는 요리였던 것이다.
시시한 요리가 아닌 것이다.

　순조 때 홍석모(洪錫謨)가 쓴 『동국세시기(東國歲時記)』에
도 개장에 대한 기록이 있는데, 『경도잡지』의 것과 동일하다. 다
만 "시장에서도 많이 판다(市上亦多賣之)"는 부분만 추가되어 있
다.[2] 이 자료에 의하면 개장국은 조선 후기 시장에서도 많이 파
는 음식이었던 모양이다. 〈개장수〉(그림 2) 역시 영업용 개장국
을 끓이기 위해 개장수가 개를 끌고 가는 것을 그린 것이 아닐
까? 어쨌거나 서울 시내에 개장국을 파는 집이 있었던 것은 분명
하다. 『정조실록』 1년(1777) 은전군(恩全君) 이찬(李禶)을 추대
하려는 역모를 꾀하던 일당을 심문하는 과정에서 개장국 이야기
가 나온다. 정흥문이란 자의 자술서에 "7월 28일에 대궐 밖의 개
잡는 집에서 강용휘와 제가 개장국을 사 먹은 뒤 같이 대궐로 들
어갔습니다"[3]라는 말이 있다. 곧 서울에 개장국을 상시적으로 파
는 가게가 있었던 것이다.

　냉면에 관한 문헌은 극히 드물다. 장유(張維, 1587~1638)의

2)　洪錫謨, 「三伏」, 六月, 『東國歲時記』.
3)　『정조실록』 1년 8월 11일.

「자줏빛 육수에 냉면을 말아 먹고(紫漿冷麵)」란 시가 지금으로서
는 가장 오래된 자료다.

> 높고 시원하게 터진 집 너무 좋은데
> 별미(別味)의 맛에 더욱더 놀라노라.
> 노을 빛 비치는 자줏빛 육수에
> 옥가루 눈꽃이 고루 담겼구나.
> 집어 입에 넣자 향기가 감돌고
> 냉기가 몸에 오싹해 옷을 끼어 입는다.
> 나그네 시름 이제부터 풀어지리니
> 고향 꿈도 이제 자주 꾸지 않으리라.[4]

장유는 냉면에 아주 반하여 객지의 쓸쓸함도 냉면으로 달랠
수 있어 고향 꿈도 자주 꾸지 않게 되었다 하니, 어지간히 냉면
맛에 반했나 보다. 어쨌거나 장유는 16세기 말 17세기 초반 인물
이니, 조선 중기에 이미 냉면이 있었던 것으로 보인다. 다만 제목
이 「자줏빛 육수 냉면(紫漿冷麵)」인데, 육수가 자줏빛인 것은 왜
인지 모르겠다.

장유의 기록 뒤로는 종종 냉면에 관한 기록이 보인다. 가장 널
리 알려진 것은 1849년에 홍석모(洪錫謨)가 쓴 『동국세시기』의
것이다. "메밀국수를 무김치, 배추김치에 말고 돼지고기를 섞은
것을 냉면이라고 한다. 또 여러 가지 채소와 배 밤 쇠고기 돼지고
기 썬 것과 기름간장을 메밀국수에다 섞은 것을 골동면이라 한
다. 평안도 골동면이 으뜸이다."[5] 이것은 11월의 풍속이니, 음력
11월이면 지금의 12월이나 1월이다. 한겨울에 먹는 시식이었던
것이다.

---

4) 張維, 「紫漿冷麵」, 『谿谷集』 권27.
5) 洪錫謨, 「月內」, 十一月, 『東國歲時記』.

   재미있는 것은, 김치 국물에 만 것을 '냉면'이라 하고, 비빈 국
수를 '골동면'이라고 한다는 것인데, 평안도 골동면이 으뜸이라
는 것은 분명 요즘의 비빔냉면을 두고 말하는 것이다. 조선조와
일제시대의 문헌을 보면, 늘 나오는 것이 평양의 냉면이요, 이따
금 해주냉면, 황주냉면, 서울냉면을 입에 올릴 뿐 함흥의 냉면은
나오지 않는다(함흥냉면은 6·25전쟁 이후에 생긴 것이다). 정약
용(丁若鏞)은 서흥도호부사(瑞興都護府使) 임성운(林性運)에게
주는 시에서 "시월이라 관서에 한 자나 눈이 쌓이면, 겹겹이 휘장
에 푹신한 담요로 손님을 붙잡아두고, 벙거짓골에 사슴고기 구워
주고, 길게 뽑은 냉면에 푸른 배추김치를 내어오네."[6]라 하고 있
으니, 서흥 역시 황해도의 고을이다. 이상하게도 문헌에 언급되
는 냉면은 모조리 평양 아니면, 황해도 지방의 것이다. 최영년(崔
永年)은 『해동죽지(海東竹枝)』에서 "개성 서쪽은 모두 냉면을 잘
만든다. 평양은 그 중 냉면의 최고 명산지다."[7] 하였으니, 아마도
냉면은 본디 황해도에서 평안도에 걸친 음식이었을 것이다.
   냉면을 뽑는 장면을 그린 그림이 지금 한 점 남아 있다. 김준
근(金俊根)의 풍속화에 냉면을 뽑는 그림이 있는데, 냉면틀이 있
고, 아래에 큰 솥이 있다. 시방 냉면 국수가 틀에서 나오고 있고,
사내는 왼손에 나무젓가락을 쥐고 국수를 젓는다. 골고루 익으라
는 것이다. 웃음이 절로 나오는 부분은, 왼쪽의 냉면틀을 엉덩이
로 누르고 있는 사내의 모습이다. 사내는 사다리를 타고 올라가
서 엉덩이에 자신의 체중을 실어 국수틀을 누르고 있다. 떨어지
면 안 되기 때문에 오른손으로는 밧줄을 쥐고 있다. 방안에는 장
죽을 문 여인이 국수 뽑는 것을 보고 있다. 이 여자가 아마도 이

남정네들을 지휘하는 주인일 것이다.

이 그림의 냉면 뽑는 방식은 평양식이다. 냉면 뽑는 데도 여러 가지 방식이 있다고 하면 웃겠지만, 사실이 그렇다.『별건곤』(41호) 1931년 7월호는 송작생(松雀生)이란 필자의 「진기(珍奇)! 대진기(大珍奇), 여름철의 8대진직업(8大珍職業)」이란 글을 싣고, 여름철의 진기한 직업으로 8가지를 꼽았는데, 여기에 냉면장수가 들어 있다. 냉면 장수 외에는 세탁업자, 빙수장수, 아이스크림 장수, 마작구락부, 목욕탕, 야시장, 빈대약장수 등 아홉을 꼽았는데, 여기에 '눌러먹고 사는 사람'이란 제목이 있다. 읽어보자.

> 평안도 같은 데는 여름보다 겨울냉면을 더 맛이 있고 운치 있는 것으로 알지마는, 서울에서는 여름철에 냉면을 많이 먹는다. 아니 평안도에서도 실제에 양으로 많이 먹기는 여름이다.
>
> 그것이야 어찌 되었던 여름철에 눌러 먹고 사는 사람이야 냉면집 밖에 또 무엇이 있으랴. 서울에도 지금은 냉면집이 해마다 늘어난다. 값으로 치면 어느 집이나 보통 15전이지만은 솜씨에 따라 맛이 각각이다. 연조로나 깨끗하기로는 종로 평양루가 몇 째 아니가지마는, 순평양식으로 닭고기 많고 국물 맛 좋기로는 무교정(武橋町) 진평옥(眞平屋)이 제일일 것이다. 그러나 배달이 신속치 못한 것이 한 흠점이다.
>
> 국수의 누르는 방법도 평양식과 서울식이 다르다. 서울에서는 분공이 위에 여러 사람을 타고 앉아서 내리 누르지마는, 평양에서는 새다리(梯子) 같은 것을 놓고 한 사람이 분공이 위에다 등을 대고 거꾸로 매달려서 그 새다리를 한 칸 한 칸씩 발로 뻗디디며 누른다. 냉면 많이 먹는 나라 사람으로 아직까지 냉면 누르는 무슨 편리한 기계 하나를 발명하지 못한 것은 참 냉소(冷笑)할 일이다. 어떻게 누르든지 누르기는 누른다. 여름철에 눌러 먹고 사는 사람은 오직 그 친구들이다.

그러니까 냉면을 뽑을 때 서울식은 압력을 가하기 위해 여러 사람이 냉면틀 위에 겹쳐서 올라가고 분공(粉工)이 최후로 위에 올라타지만(이 방식은 머릿속에 그림이 그려지지 않아 유감이다), 평양식은 새다리, 곧 사다리 위로 올라가 그 계단을 거꾸로 밟으면서 힘을 주어 면을 누르는 것이다. 그러니 이 그림은 평양식이다.

홍석모가 서울의 11월의 시식으로 냉면을 꼽은 것은 그것이 지금처럼 시정의 음식점에서 팔리는 음식이었기 때문이다. 즉 냉면집은 조선 후기 서울에서 성업 중이었던 것이다.그렇다면 이 냉면 가게는 언제부터 있었던가. 18세기의 유명한 학자 황윤석(黃胤錫, 1729~1791)의 일기인 『이재일기(頤齋日記)』에 1768년 7월 7일 과거(科擧) 시험을 치고 나서 점심 때 냉면을 시켜 먹은 기록도 남아 있으니, 적어도 18세기 중반에 서울 시내에 냉면집이 있었던 것이고, 또 이것은 하루아침에 생기지 않았을 것이니, 18세기 초반이나 17세기 말까지 거슬러 올라갈 수 있을 것이다.

냉면이 얼마나 인기가 있는 것이었냐 하면 순조 임금도 즐길 정도였다. 이유원(李裕元, 1814~1888)의 『임하필기(林下筆記)』를 보면, 순조는 즉위 초년에 달빛이 고운 한가로운 밤이면 군직(軍職)과 선전관(宣傳官)을 불러 달구경을 했는데, 하루는 군직에게 '너희들과 함께 냉면을 먹고 싶다'면서 냉면을 사오란다. 나갔던 사람들이 돌아왔는데 한 사람은 냉면을 안 사오고 돼지고기를 사왔다. 왜 사왔냐고 물으니, 냉면에 넣어 먹을 것이란다. 순조는 아무 말도 않고 냉면을 나누어 줄 때 그 사람을 두고 서 "그는 따로 먹을 것이 있을 것"이라면서 냉면을 주지 않았다. 이유원은 "이 일은 측근 시신(侍臣)이 자못 본보기로 삼을 만한 일이다."[8] 라고 말하고 있지만 그 이유를 모르겠다. 냉면이 얼마나 맛이 있었으면 임금이 시정의 냉면을 신하를 시켜 사오게 한단 말인가.

---

8) 李裕元,「近臣鑑戒」,『林下筆記』권29.

IV. 맺음말

조선의 음식문화 중 시정의 술집과 음식점은 매우 흥미로운 존재이기는 하지만, 중국이나 일본과 비교하여 풍성하게 발달한 것으로 보이지는 않는다. 아무래도 상업과 도시의 발달이 더딘 것이 그 이유가 아닌가 한다. 그 대신 일반 사족가(士族家)의 음식문화가 풍부하게 발달한 것이 특징이라 하겠다. 물론 그렇다고 해서 앞에서 언급한 시정의 주점이나 음식점의 존재가 평가절하될 것은 아니다. 이 부분에 대해서는 앞으로 보다 정밀한 연구가 있어야 할 것으로 생각된다.

의궤로 보는
조선왕조
잔치음식

김상보
(전통식생활문화연구소 소장)

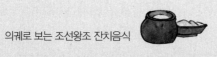

의궤로 보는 조선왕조 잔치음식

의궤로 보는 조선왕조 잔치음식

I. 『국조오례의(國朝五禮儀)』를 통해서 보는 잔치

1. 길례(吉禮)

1) 능(陵)에 행행(行幸) 하는 의식
2) 영희전에 친향(親享) 하는 의식
3) 왕이 종묘에 뵙는 의식

2. 가례(嘉禮)

1) 왕이 왕비를 맞아들이는 의식
2) 왕세자의 관례의식
3) 왕자 · 왕녀 · 왕세자의 혼례의식
4) 왕세자 책봉의식
5) 양로연 의식
6) 음복연(飮福宴) 의식

3. 빈례(賓禮)

1) 조정사신에게 잔치하는 의식

2) 왕세자가 조정사신에게 연회하는 의식

3) 예조에서 인국사신에게 연회하는 의식

*군례(軍禮) · 상례(喪禮)

4. 길례 속의 제사음식

왕은 공적인 일을 함과 동시에 침(寢)이라고 불리는 장소에서 사적인 생활을 함으로 공적인 공간을 외조(外朝) 사적인 공간을 내조(內朝)라 함.

궁전은 외조와 내조가 결합된 것

생전의 궁전이 외조와 내조라면 사후(死後)의 궁전은 종묘(宗廟, 공적인 공간)와 능(陵, 능침)이다.

이를 민중에 적용하면 생전의 사랑방(공적인 공간)과 침실(사적인 공간)이 사후에는 서원(공적인 공간)과 묘(사적인 공간)가 되는 셈이다.

따라서 다음의 예에서 제시한 거행된 세자궁속절향은 죽은 세자의 사적인 공간에서 올리는 제사이기 때문에 제물은 평소에 세자가 드시던 음식을 중심으로 차린 것이고 문묘친향석전대제는 공자 등의 유자들의 공적인 공간인 문묘에서 왕이 몸소 올린 제사로서, 『예기』에서 제시한 오래 전부터 전래되어 오던 제물을 중심으로 차린 것이다. 이 제물의 역사는 문헌으로 만 보아도 3000년 정도가 된다.

1) 세자궁 속절향

작, 3기

반 1기, 면 1기, 시첩, 적 1기

백증 1기, 전증 1기, 잡탕 1기, 절병 1기, 상화 1기, 자병 1기

황율 1기, 실백자 1기, 진자 1기, 대추 1기

길경 1기, 고사리 1기, 표고 1기

약과 4기

2) 문묘 친향 석전대제

묘혈반

우숙 · 양숙 · 시숙

돈박 1기 · 순저 1기 · 녹해 1기 · 비석 1기 · 토기 1기 · 청저 1
기 · 어해 1기 · 근저 1기 · 탐해 1기 · 구저 1기, 이상 10두(豆)

황율 1기 · 검인 1기 · 흑병 1기 · 건조 1기 · 능인 1기 · 백병 1
기 · 어수 1기 · 형염 1기 · 진자 1기 · 녹포 1기, 이상 10변(籩)

시대갱 1기 · 양대갱 1기 · 우화갱 1기

시화갱 1기 · 양화갱 1기 · 우화갱 1기

서 1기 · 직 1기 · 도 1기 · 양 1기

양성 7체 · 시성 7체 · 우성

5. 가례 속의 연향음식

1) 휘건

2) 찬안

3) 화(花)

4) 염수(塩水)

5) 소선(小膳)

6) 별행과

7) 만두

8) 헌수주 5작(2작), 술안주 5미수(2미수)

9) 행주
10) 대선(大膳)

Ⅱ. 길례·가례·빈례에 나타난 잔치음식의 범위

각종 제례, 혼례, 진찬 · 진연 · 풍정연, 영접례

1. 잔치의 정의

1) 연향(宴享)
2) 예악(禮樂)
3) 음양(陰陽)
4) 풍악(風樂)
5) 향연(饗宴)

2. 『가례도감의궤(嘉禮都監儀軌)』에 나타난 궁중혼례와 음식

1) 예물식품(왕세자혼례, 1627년)

중미 100섬 · 황두 100섬 · 조미 100섬

청주 40병

돼지 2마리

양 2마리

오성유밀과 4부

2) 임헌초계(臨軒醮戒)와 예녀우방중(醴女于房中)

건치절 · 전복절 · 문어절 · 소약과 · 생이 · 석류 · 생율

3) 동뢰연

(1) 사방반 2, 매상 문어절 1기 · 대구어절 1기

(2) 중원반 2, 매상 전복절 1기 · 건치절 1기 · 인복절 1기 · 전유어 1기

(3) 과반 6, 매상 건치절 1기 · 전복절 1기 · 문어절 1기 · 생이 1기 · 생율 1 기 · 정과 1기 · 약과 1기 · 석류 1기

(4) 미수

① 초미, 전복자기 1기 · 추복탕 1기 · 산삼병 1기 · 추청 1기 · 수정과 1기 · 약과 1기 · 백자 1기 · 생이 1기

② 이미, 세면 1기 · 생치자기 1기 · 전유어 1기 · 송고병 1기 · 추청 1기 · 행인과 1기 · 수정과 1기 · 생율 1기

③ 삼미, 어만두 1기 · 장육자기 1기 · 자박병 1기 · 추청 1기 · 전은정과 1기 · 수정과 1기 · 대추 1기 · 산약채 1기

(5) 동뢰연상 · 우협상 · 좌협상 · 면협상 · 대선상 · 소선상

① 동뢰연상

실과 6기 · 홍마조 5기 · 백산자 5기 · 중박계 4기

② 우협상

백미자 1기 · 운빙 1기 · 송고미자 1기 · 유사미자 1기 · 적미자 1기 · 율미자 1기

홍산자 2기 · 백산자 3기

송고마조 3기 · 홍마조 2기

홍마조 2기 · 유사마조 2기

③ 좌협상

유사미자 1기 · 송고미자 1기 · 백미자 1기 · 적미자 1기
· 첨수 1기 · 운빙 1기

유사망구소 3기 · 소홍망구소 2기

백다식 3기 · 전단병 2기

홍망구소 2기 · 유사망구소 2기

④ 면협상

전어육 5기

건남 5기

어육 5기

채 4기

⑤ 대선상

압자 1수 · 돼지 1수 · 소뒷다리와 볼기

⑥ 소선상

압자 1수 · 양 1수 · 소앞다리와 갈비

4) 조현례

(1) 과반

건치절 1기 · 전복절 1기 · 문어절 1기 · 생이 1기 · 생율 1기 ·
백자 1기 · 건정과 1기 · 약과 1기

(2) 단수포 1반(1접 : 100장)

밤 5되

대추 5되

현구고례(見舅姑禮)라고도 함.

『의례(儀禮)』 시대의 예물이 단수포와 조율임

단수포(腶脩脯, 생강과 계피가루를 뿌려 길게 쪼개어 말린 것)

조율(棗栗, 대추와 밤)

단수포는 시어머니에게 조율은 시아버지에게 올림. 단수포는 양성의 식물이고 따라서 음(陰)인 시어머니에게, 조율은 음성식물이고 따라서 양(陽)인 시아버지에게 올림

음과 양이 화합하는 천시(天時)의 법칙을 따름

Ⅲ. 『원행을묘정리의궤(園幸乙卯整理儀軌)』에 나타난 진찬과 음식

1795년 봉수당 진찬연

1. 소선 · 염수 · 만두 · 별행과 · 대선 생략

2. 헌수주와 행주의 엄격한 구분이 없음

휘건 · 찬안 · 진화 · 소별미, 악

수주 제 1작과 미수, 행주, 악

수주 제 2작과 미수, 행주, 악

수주 제 3작과 미수, 행주, 악

수주 제 4작과 미수, 행주, 악

수주 제 5작과 미수, 행주, 악

수주 제 6작과 미수, 행주, 악

수주 제 7작과 미수, 행주, 악

* 갑자년 외진연(1744)

찬안상 19기
별행과 13기
2번의 헌수주와 7번의 행주
봉수당 진찬연(1795)
찬안상 70기
소별미 12기

* 봉수당 진찬연은 순조이후부터 1902년까지의 연향상차림에 막대한 영향을 미쳐 거의 대부분 찬안은 70기, 소선 · 대선 · 별행과가 부활되어 극도로 사치에 흐르게 됨

조선시대
조리서 속
음식이야기

정혜경

(호서대학교 식품영양학과 교수)

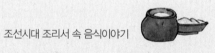

조선시대 조리서 속 음식이야기

조선시대 조리서 속 음식이야기

I. 조선시대 고조리서의 의미

이 글은 우리 음식의 오래된 역사를 담고 있는 문화유산인 조선시대 고조리서에 나오는 음식들에 대한 이야기이다. 조선은 다양한 문화와 더불어 한식문화도 최전성기를 이룬 시기이다. 즉, 조선 전기는 유교를 국교로 하면서 한식이 발달한 시기이고, 조선 후기로 가면 한식이 완성되어 화려한 음식문화의 꽃을 피운다. 이러한 조선의 음식문화의 모습을 가장 잘 보여주는 것은 단연 조선시대 고조리서들이다.

조선의 고조리서들은 남성에 의해 여성에 의해 그리고 한자 혹은 한글로 필자의 개성에 따라 집필된다. 우리들은 이러한 조선의 고조리서의 이해를 위해서는 무엇보다 고조리서가 가진 배경들을 잘 읽어내야 한다. 이러한 점에 입각하여 1400년대에서 1800년대말까지의 음식문화 관련 문헌들을 분류하고. 이들 고조리서가 가지는 음식문화사적 의미를 살펴본다.

조선시대는 남성들이 고조리서를 남긴다. 이의 이유로는 특히 조상에 대한 '봉제사와 접빈객' 중시가 중요한 의식이었기때문으로 보이며, 의관들은 음식을 질병예방의 중요한 차원으로 보아 음식문헌을 남겼다. 반면 여성들은 자신들이 실천해 온 조리법을 꼼꼼히 기록으로 남겨 후대에 전해지기를 바라는 마음으로 실용적인 조리서를 집필하였다.

그러므로 조선시대 고조리서에 등장하는 다양한 조리법들을 살펴보는 것은 매우 의미가 크다. 현재와 비교해서도 손색없는 다양한 조리법들이 이미 조선시대에 이루어지고 있었으며 다양한 식재료도 조리서에 등장하고 있다. 우리들이 한식을 제대로 이해하고 발전시키기 위해서는 조리서가 가지는 문화사적인 의미를 잘 이해한 토대 위에서 고조리서에 나오는 음식이야기를 잘 살펴보는 것이 필요하다.

Ⅱ. 한식 원형이 살아 있는 고조리서

최근 한국 사회에서의 화두 중 하나는 한식이다. 이렇게 한식에 대한 관심이 높아지면서 당연히 전통 한식 원형에 대한 관심도 커졌다. 한식은 먹을거리 상품 이전에 우리 민족의 문화유산이다. 음식은 건축, 공예, 의복문화 유산과는 달리 과거의 유물이 남아있지 않다. 그럼, 전통 한식의 원형은 어떻게 찾아야 할까?

이런 의미에서 가깝게는 전통 한식의 원형을 찾을 수 있는 조선시대의 고조리서는 중요하다. 엄격한 유교사회였던 조선시대에도 여성들은 문자생활을 하고 집필하였다. 이런 당시 상황을 잘 보여주는 것이 바로 조선시대에 쓰여진 고조리서들이다. 남성 사대부와 의관들, 반가여성들 그리고 중인에 이르기까지 많은 조선 사람들은 음식에 관심을 가지고 조리서를 집필한다.

음식과 관련되어 영양학, 식품학 그리고 미식학, 조리과학, 음식인류학 등 다양한 학문 영역이 존재한다. 그동안 식품 조리법은 주로 식품과학적인 지식 속에서 다루어져 왔다. 그러나 미식은 그 시대와 인간을 담고 있다는 점에서 문화영역에 속한다. 한

시대의 조리법은 또한 그 시대의 미각(미식)을 대변한다. 예를 들어 중국의 미식은 두 가지 중요 분야로 구성되었다. 먼저, 최고의 음식, 가장 귀한 음식을 조달하여 맛을 보는 일이며, 그 다음은 그것에 대해 글을 쓰는 일이라고 하였다. 음식의 미각만을 즐기는 행위는 일시적이지만 조리법을 자신의 집안 혹은 더 널리 알리기 위한 행위는 보다 영구적인 일이었다. 그러나 두 경우 다 건강과 영양에 대한 관심이 속속들이 배어 있다. 그리고 부분적으로 지식인의 일상적인 활동이기도 하였다. 즉, 대부분의 고조리서 저자들은 음식에 관심이 있는 미식가들로 추측되며 그들에 의해 쓰여진 고조리서들은 맛(미각)과 건강추구, 글쓰기 취향의 관심사를 담고 있다.

우리나라도 크게 다르지 않았다. 과거 조선시대에도 귀한 음식을 조달하여 맛을 보는 일을 즐겼으며, 이를 보다 영구적으로 즐기기 위하여 글을 썼다. 그래서 조선시대 이후 비교적 많은 고조리서들이 존재한다. 그런데 이러한 조선시대의 고조리서들에는 흥미로운 특징이 있다. 현재 맛의 본향이라고 알려진 전라도 지역에서는 고조리서가 아직 발견되지 않고 있는 반면 유교문화가 발달한 경북지역, 그것도 안동에서 집필된 고조리서가 여러 권이라는 사실이다. 이는 기록을 중시한 유교문화의 소산이라고 보인다. 음식을 즐기되 이를 기록으로 남겨 요리서를 쓴다는 사실은 유교가 발달했던 안동의 다양한 유교문화의 특징이었던 것이다.

조리서는 음식조리법을 기술한 과학서이지만 당대의 시대적 산물로 해당시대를 이해하는 실마리를 제공한다. 고조리서를 통해 조선시대의 자연과 인간에 대한 이해체계를 세울 수 있고 음식과 인간과의 관계를 조망할 수 있다.

Ⅲ. 조선시대에 만나는 고조리서들

우리나라에서 음식 관련 고문헌은 고려시대까지는 발견되고 있지 않거나 거의 없다. 그러다가 조선시대에 들어오게 되면 다양한 고조리서와 만날 수 있다. 그런데 실제 조선시대에 음식과 관련된 고문헌 중에서 고조리서라고 불릴 수 있는 정확한 분류는 없다. 의, 식, 주를 함께 다룬 가정백과사전격인 문헌도 있고 농서성격의 문헌이나 또는 건강을 다루는 의학서 등에도 음식조리법을 다루고 있기 때문이다. 그러나 음식조리법을 다루고 있어서 일반적으로 고조리서의 범주로 분류되는 음식관련 문헌들을 연도별로 정리해 보면 다음과 같다.

표 01 | 연도별 음식관련 문헌(고조리서)

연대별	조선시대 고조리서
1400년대	산가요록, 식료찬요, 사시찬요초
1500년대	수운잡방, 미암일기, 쇄미록, 묵재일기, 용재총화
1600년대	음식디미방, 주방문, 치생요람, 도문대작, 동의보감
1700년대	산림경제, 증보산림경제, 소문사설, 고사신서, 고사십이집, 해동농서, 온주법, 음식보, 술만드는 법
1800년대	규합총서, 임원십육지, 우음제방, 고대규곤요람, 주찬, 술빚는법, 간본 규합총서, 역잡록, 김승지댁 주방문, 음식방문, 윤씨음식법, 역주방문, 시의전서, 주식시의, 쥬식방문1, 쥬식방문2

현재까지 발견된 고조리서로는 1400년대 중반 어의를 지낸 전순의에 의해 집필된 『산가요록(山家要錄)』이 가장 오래된 책이라 할 수 있다. 음식에 대한 기록 뿐 아니라 우리나라 최초의 온돌에 대한 기록과 생활전반을 기록한 고서이다. 이후 중종 때인 1540년경 안동의 남성유학자인 김유(金綏, 1491~1555)가 집필한 『수운잡방(需雲雜方)』이라는 한문조리서가 있다. 이후 홍길동

전의 저자로 유명한 허균이 지은 조리서라기보다는 팔도음식 소개서에 가까운 『도문대작(屠門大嚼)』이 있다. 1600년대에는 중요한 조리서들이 집필되기 시작하는데 여성이 집필한 아시아권 최고의 한글고조리서라고 하는 장계향이 집필한 『음식디미방』이 나온다. 그 외에도 『요록』, 『주방문』, 『치생요람』 등이 나온다. 또한 이 시기는 양생과 영양을 다룬 의학서인 『동의보감』이 집필된다.

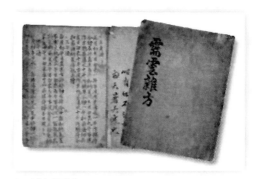

01 | 『수운잡방』

02 | 『음식디미방』

1700년대에는 『산림경제』, 『증보산림경제』 등이 편찬되는데 이 책에는 농업기술과 더불어 음식조리법이 중요하게 다루어진다. 또한 『고사신서』, 『고사십이집』, 『해동농서』 등에서도 음식에 관련된 내용들을 중요하게 다루고 있다. 좀 더 고조리서에 가까운 문헌으로는 『소문사설』과 『온주법』, 『음식보』, 『술만드는 법』 등이 편찬된다. 1800년대가 되면 다양한 고조리서가 나온다. 대표적인 것이 서울 반가 여성인 빙허각 이씨가 집필한 생활대백과사전격인『규합총서(閨閤叢書)』로 한국 조리서 발달에 지대한 영향을 미치게 된다. 또한 빙허각 이씨의 시동생이었던 실학자인 서유구의『임원십육지』가 편찬된다. 이러한 흐름에 영향 받아서인지 1800년대 후반에는 다양한 집안에서 고조리서가 집필된다.『우음제방』,『고대규곤요람』,『주찬』,『술빚는법』,『간본 규합총서』,『역잡록』,『김승지댁 주방문』,『음식방문』,『윤씨음식법』,『역주방문』,『시의전서』와『주식시의』등이 나온다.

Ⅳ. 고조리서에 나타난 다양한 조리법

조선시대 조리서는 다양한 필자에 의해 다양한 시각에서 집필되었다. 필자에 따라, 시대별로 그리고 집필목적과 어떤 배경 하에서 집필했느냐에 따라 그 내용에서 차이점을 보이므로 이 점에 주목하여 조리서를 읽어낼 필요가 있다.

다음으로 고조리서들을 통한 조리법을 이해하는 것이 필요하다. 일반적으로 한국 음식문화의 중요한 특징은 첫째, 다양한 조리법을 전개하면서 발전되었다는 것, 둘째, 외부로부터의 들어온 외래식품이 조리법에 영향을 미쳤다는 것, 셋째, 조리법과 미식법이 건강과 밀접하게 관련되어 있다는 것 등이다. 이 말은 다시 말하면 제대로 먹는 것, 즉 올바른 재료를 선택하여 적절한 방식으로 재료를 조합하는 것이 건강을 지키고 장수로 가는 가장 믿을만한 방법이라는 뜻이다. 여기서는 조선시대 조리서가 주로 담고자 했던 조리법이 무엇이었는지를 간략히 살펴보고자 한다.

1. 고조리서에 등장하는 술빚기

조선시대 고조리서에서 가장 많이 언급된 조리법은 단연 술빚기이다. 거의 대부분의 고조리서에서는 술빚기가 필수적으로 포함되어 있다. 이는 '접빈객 봉제사'와 관련하여 집집마다 자신의 술인 가양주 문화가 발달하였고 여성들의 주요 임무 중의 하나가 술 빚는 일이었기 때문이다. 우리는 고대로부터 술을 사랑하고 좋아하고 또 자신의 삶 속에서 즐길 줄 알았던 술의 민족이다. 그러니 다양한 형태의 술이 고대로부터 만들어져 우리의 식사 때마다 식사에 어울리는 술을 곁들이는 다양한 반주문화를 형성해왔다.

그리고 고조리서의 서명자체가 술 이름이 들어가 있는 것들이 많다. 『주방문』, 『온주법』, 『술만드는 법』, 『술빚는 법』, 『주찬』, 『침주법』, 『역주방문』, 『우음제방(禹飮諸方)』 등이 해당되는데 이들 고조리서들이 술 빚는 법만을 다루고 있지 않더라도 술 빚기를 가장 중요한 항목으로 생각하였고 서명에도 '술'이나 '술 주(酒)'를 넣어 작명한 것을 알 수 있다.

또한 서명에 '술 주(酒)'자가 들어 있지 않은 『산가요록』, 『수운잡방』, 『음식디미방』, 『음식법』의 고조리서에도 다른 음식에 비해 술 빚는 법의 구성비가 높다. 술빚기가 매우 중요한 행위였으며 각 집안마다 술 빚는 방법을 후손들에게 남겨 계승하는 것은 중요했기 때문이다. 술 빚는 방법도 매우 다양하고 술종류도 많지만, 고려시대 이후 크게는 탁주, 청주, 소주의 세 가지 형태로 분류될 수 있다고 보지만 조선시대의 화려했던 가양주 문화를 설명하기에는 무리가 있다. 따라서 이를 『임원십육지』 '정조지'를 기준으로 하여 분류하여 보면 다음과 같이 분류된다.

- 상용약주 : 청주, 약주, 백하주 등
- 특수약주 : 호산춘(壺山春), 백일주(百日酒), 약산춘(藥山春), 법주 등
- 속성주류 : 일일주(一日酒), 삼일주, 칠일주 등
- 탁주 : 이화주, 막걸리 등
- 백주(白酒) : 약주와 탁주의 중간에 위치하는 술. 맛이 달고 젖과 같이 희다
- 감주(甘酒) : 누룩대신에 엿기름을 사용해 달게 만든 술
- 이양주(異壤酒, 숙성 과정 중에 다른 것을 사용하는 술) : 와송주(臥松酒), 죽통주(竹筒酒), 등
- 가향주류(加香酒類, 꽃잎이나 향료를 이용하는 술) : 송화주(松花酒), 두견주(진달래 술) 등
- 과실주 : 포도주, 송자주(松子酒) 등
- 소주 : 찹쌀소주, 밀소주 등
- 혼양주(混釀酒, 소주와 약주의 중간형 술) : 과하주(過夏酒) 등
- 약용소주 : 진도의 홍주 등
- 약용약주 : 구기주, 오가피주 등

2. 고조리서에 나타난 다양한 조리법들

조선시대 고조리서의 분류는 탕, 찌개, 찜, 볶음, 무침, 나물, 생채, 전유어 등과 같이 조리기법에 따른 분류가 있고, 반(곡물)류, 우육류, 채소류, 어패류, 난류와 같이 조리재료에 따른 분류도 있다. 그러나 대부분의 조선시대의 조리서에는 분류항목을 세우고 있지 않거나 이 두 가지 방법이 혼용되어 나온다. 예를 들어 『음식디미방』에서는 면병류, 어육류, 소채류와 같은 재료별 분류법을 택하였지만 『요록』이나 『주방문』에서는 분류 항목을 세우지 있지 않다. 『증보산림경제』나 『고사신서』, 『고사십이집』 그리고 『규합총서』 등도 약간의 차이는 있지만 재료법 분류를 따르고 있다.

그러다가 1800년대 이후로 가게 되면 『임원십육지』나 『군학회등』, 『시의전서』 같은 경우에는 조리기법별 분류를 따르고 있

음을 볼 수 있다. 즉, 후기로 갈수록 현대적 분류인 조리기법에 따른 분류를 하고 있어서 조리법의 발달을 엿볼 수 있다.

1) 주식류─반(밥)류 · 죽 · 면, 탕병, 만두류의 조리법

조선시대 고조리서에서도 다양한 밥 조리법을 만날 수 있다. 먼저 '취반(炊飯)법'이 등장하는데 최초의 곡물과 물을 넣고 끓이는 죽법에서 찌는 방법으로 그리고 제대로 된 밥짓기인 취반법이 나온다. 그래서 우리나라 사람들이 특히 밥짓기를 잘한다는 기록도 보인다. 그리고 대가족하에서 대량취반법이 『임원십육지』 '정조지'에 나오고, 보리밥, 잡곡밥, 약반 등 다양한 밥이 등장한다. 그리고 쌀에다 여러 가지 산채 등을 넣어 짓는 풍류를 겸한 구황식밥도 소개된다. 비빔밥은 『시의전서』에 비로소 등장하며 국이나 물에 만 밥도 조리법으로 등장하고 있어 이채롭다.

조리서에는 다양한 죽이 나온다. 조선시대에는 죽이 보편화된 음식이었으며 『임원십육지』, 『규합총서』, 『증보산림경제』 등에 대용식류, 별미식, 보양식, 치료식, 환자식, 민속식, 구황식, 음료 등의 기능을 한다. 흰죽이 일반적으로 나오고 팥죽은 동지섣달 풍속의 죽으로, 구황과 풍류를 겸한 죽으로 다양한 식물성 죽과 그 외에도 미음과 원미, 의이 등이 나온다. 또한 면류, 국수류, 탕병 만두류가 나오는데 압착면과 냉면, 비빔냉면, 나화, 탕병 등이 등장한다. 만두류도 만두, 상화, 수교의, 편

03 | 곡물죽

수, 변시만두 등이 등장한다.

2) 삶는 법―자법조리(煮法調理)

우리나라 음식조리에서 가장 많이 쓰이는 방법은 '삶는 조리법'으로 가장 일반적인 한국음식조리법이다. '자법'이란 육류를 주로 삶는 방법으로, 구체적으로는 쇠고기를 삶아 편육을 만드는 법인 자우육(煮牛肉), 양고기를 삶는 자양육(煮羊肉)이 『임원십육지』에는 소개되어 있으나 이를 중국의 『거가필용』을 인용한 것으로 보인다. 양을 삶는 조리법은 우리나라에는 뿌리내리지 못하였다. 그런데 돼지고기를 삶아서 조리하는 자저육(煮豬肉)도 발달하였는데 편육, 순대, 족편 등의 조리법이 조리서에 등장하고 있다, 자견육과 같은 개고기를 삶아 조리하는 방법도 여러 조리서에 소개된다. 기타 다양한 고기를 삶는 수육법이 나오고, 닭을 삶아 조리하는 자계법과 조류를 삶아 조리하는 방법이 나온다. 이는 통틀어 수조육류의 삶는 방법이라고 할 수있다. 그외에도 어패류를 삶는 방법으로 문어, 해삼, 새우, 게, 자라 등이 이에 해당된다.

그리고 수조육류나 어패류같은 육류 이외에도 채소류를 삶아 조리하는 것도 중요한 방법이었다. 쌈, 도랏생채와 같은 생채 등의 방법이 있으며 자채(煮菜)의 조리법으로는 국, 나물무침, 채소찜, 선, 강회, 쌈, 생채 등의 다

04 | 돼지고기 편육

양한 삶는 조리법이 조리서에 등장하고 있다.

3) 불을 이용한 구이, 적, 전, 초 요리법
　　－번적전초법(燔 · 炙 · 煎 · 炒法)

'번 · 적 · 전 · 초법(燔炙煎炒法)'이라는 조리법은 굽고(燔), 꼬챙이 꾸어 굽고(炙), 달이고(煎), 볶는(炒) 일상의 불을 이용한 조리법이다. 이러한 조리법은 고조리서에서 우육의 번화법, 기타 수육의 번화법, 조류의 번화법 등으로 소개되어 있으며 어패류의 번 · 적 · 전 · 초법, 채소류의 번 · 적 · 전 · 초법 등이 소개되어 나온다.

4) 생으로 회로 먹는 조리법－회생법(膾生法)

이 방법은 식재료를 날로 먹는 방법으로 조선시대 조리서에 소개되고 있다. 수조육류를 생회로 먹는 방법 뿐아니라 어패류의 생회로 먹는 방법이 나온다. 그 외에도 육회법, 무침법, 냉채법 들이 소개되어 나온다. 조선시대에도 날로 먹는 조리법이 상당히

05 | 사슬적　　　06 | 회

보편화되었음을 알 수 있다.

5) 부드러운 식감의 음식조리법—수채법(酥菜法)

이 수채법은 두부나 묵, 생선묵, 해초를 이용해 부드럽게 만드는 조리법 등으로 대부분의 조리서에 이러한 조리법이 등장하고 있다. 조선시대에 이러한 다양한 식감의 음식들을 조리하여 먹는 방법이 발달하고 있었음을 알 수 있다. 앵두편이나 오미자편과 같은 과채를 이용한 섬세한 조리법들은 한글 조리서에 나오고 콜라겐의 엉기는 특성을 이용한 '전약(煎藥)'과 같은 음식은 『수운잡방』과 같은 한문 조리서에 등장한다.

07 | 전약

:: 참고문헌 ::

강인희, 『한국의 맛』, 대한교과서 주식회사, 1990.

강인희, 『한국식생활사』, 삼영사, 1990.

김유 저 · 윤숙경 편역, 『수운잡방』, 주찬, 신광출판사, 1998.

방신영, 『조선요리제법』, 신문관, 1917.

빙허각 이씨 저 · 정양완 역, 『규합총서』, 보진재, 1975.

백두현, 「조선시대 여성의 문자생활연구」, 『어문론총』 제45호, 2006.

백두현, 「한글조리서로 본 감향주법 비교연구」, 『흔맛흔얼』 16호, 2011.

서유구 저 · 이효지 · 정낙원 외 역, 『임원십육지 정조지』, 교문사, 2006.

안동장씨 · 황혜성 편저, 『규곤시의방 해설본』, 한국인서 출판사, 1980.

윤서석, 『한국음식-역사와 조리법』, 수학사, 1992.

이성우, 『조선시대 조리서의 분석적 연구』, 한국정신문화연구원, 1982.

이성우, 『한국고식문헌집성』, 수학사, 1992.

이성우, 『한국식품사회사』, 교문사, 1984, p.238.

정혜경, 『천년한식견문록』, 생각의 나무, 2009.

한복진, 『우리음식 100가지』, 현암사, 2005.

한희순 · 황혜성 · 이혜경 공저, 『이조궁정요리통고』, 학총사, 1957.

조선시대
종가의
제사음식

최순권

(국립민속박물관 학예연구관)

조선시대 종가의 제사음식

조선시대 종가의 제사음식

I. 종가와 제사

우리나라에서는 고려말에 종법이 근간이 되는 『주자가례(朱子家禮)』를 사대부들의 실천규범으로 수용하면서 집안의 모든 행사를 주관하는 종자(宗子)의 위상을 높이고, 종자와 지자의 구별을 확실하게 하였다. 그래서 조선 전기부터 가묘(家廟)를 건립하며 제사의 윤행(輪行)을 폐지하려 하였고, 법적으로『경국대전(經國大典)』에 가묘가 있는 집은 제사를 주관하는 자손에게 전하도록 규정하여 종가의 지위를 법적으로 보장하기도 하였다.

여기에 『경국대전』 및 『국조오례의(國朝五禮儀)』에도 "처음으로 공신이 된 자는 제사할 자손의 대수(代數)가 다하여도 신주(神主)를 묻지 않고 따로 한 개의 실을 세워 제사를 지낸다."고 하여, 처음으로 공신이 된 자만을 불천위로 허락하였다. 특히 공신들에게는 공신교서에 공을 세운 정도에 따라 1등, 2등, 3등 등으로 분류하여 각각 등급에 해당하는 공신호, 영정, 토지, 노비 등을 주고 그 자손들에게 음직(蔭職)을 주는 등 부조지전(不祧之典)을 베풀었다.

그러나 조선중기에 들어서『주자가례』의 보급에 따라 사대부에서 서인에 이르기까지 4대봉사가 일반화되면서 공신 이외에 불천위에 대한 논의가 있었다. 특히 종묘배향공신(宗廟配享功臣)

과 문묘(文廟)에 종사(從祀)된 유학자들의 경우, 자주 불천위로 거론되기는 했지만,『경국대전』등 법전에는 근거할 만한 조문이 없었다. 하지만, 숙종대에 영남지역의 한훤당(寒暄堂) 김굉필, 일두(一蠹) 정여창, 회재(晦齋) 이언적, 퇴계(退溪) 이황 뿐만 아니라, 여러 현인(賢人)들도 또한 많이 불천(不遷)한 사례가 있으니, 조정에서 명을 내렸는지는 알지 못하며 일정한 기준이 있었는지는 알 수 없을 정도라고 하였다. 그러다가 1717년(숙종 43)에 김장생(金長生, 1548~1631)이 친진(親盡)하여 최장방(最長房)으로 옮겼으나, 문묘에 종사될 때에 왕의 명령으로 다시 대종(大宗)에 봉안하여 불천위로 정하였고, 1886년(고종 23)에 이르러서야 종묘와 문묘에 배향된 신하들도 모두 공신과 같이 불천위로 할 것을 일정한 규례로 삼았다.

한편으로는 충신(忠臣), 절의(節義), 학행(學行) 등에 뛰어난 자에 대해서는 각 지방 유생들의 상소가 있으면 이를 허락하고 권장하는 형편이었다. 특히 서원(書院) 및 사우(祠宇) 설립과 병행하여, 지방에서는 비록 문묘 배향 또는 종묘 배향공신 등에 포함되지 않더라도 학행이나 덕행이 뛰어난 자를 추천하여 증직(贈職) 및 시호(諡號)를 요청하고, 아울러 부조지전이 내려지도록 상소를 올리기도 하였다. 이에 국가로부터 부조지전의 명령이 내려지면 종가나 묘소 아래에 사당을 세우게 하고, 해당 관청에서 제수를 지급하고 치제문(致祭文)을 내리기도 하였다. 이에 불천위는 종가의 시조가 되어 종가 사당에 영원토록 모시게 되었고, 또한 문중의 파시조가 되기도 하여 불천위의 형제들은 자연히 이와 구별되는 파시조를 형성하기도 하였다.

조선 후기에 제사와 재산을 적장자 중심으로 승계하면서 점차 '종가'라는 말도 사용하게 되었다. 즉 종가의 경우 재산상속과 제사상속의 주체로서 봉사조(奉祀條) 명목으로 재산을 더 분급을

받았지만, 종가에 귀속된 제전(祭田)만으로 잦은 봉제사(奉祭祀)
를 담당하기 어려웠다. 이에 종가의 제사 계승을 위해, 당시 재산
분배 문서에 적장자에게 봉사조를 설정하거나, 종가 유지를 위해
재산을 특별히 분배하는 유서를 남기기도 하였다. 그리고 재산분
배에서도 점차로 딸을 배제하거나, 일부 제사 -특히 불천위 제사
및 가묘에서의 기제사를 종가가 단독으로 담당하게 하였다. 이러
한 사회적 현상이 확산되면서 종가는 점차 한 문중에서 적장자로
만 이어온 큰집으로, 그 종자인 종손은 조상의 직계손으로서 존
경을 받았다.

『주자가례』에 규정한 제례는 크게 사시제(四時祭), 선조제(先
祖祭), 녜제(禰祭), 기제(忌祭), 묘제(墓祭), 사당제(祠堂祭 : 茶禮)
등이나, 우리나라에서는 주로 기제와 차례, 묘제 등을 중시하였
다. 현재 종가에서는 불천위 및 4대조를 봉안한 사당을 중심으로
기제사(불천위제사 포함) 및 차례, 또는 절사(묘제)를 지내고, 5
대친 이상은 시제(세일사)를 지낸다. 종가는 집안에서 불천위를
포함하여 5대를 모시기 때문에 10번의 기제 이외에, 배위가 여럿
이거나, 설과 추석 등 차례 등을 감안하다면 거의 15회 이상의 제
사를 지내고 있다.

종가의 제사 절차는 일반적으로 『주자가례』에 따르지만, 집안
마다 행례 내용 및 진설의 내용이 다 다르다. 이것은 『주자가례』
에 대한 해석 및 관행에 따라 집안 또는 지역마다 다르게 나타난
다. 이러한 제사 행례와 제사음식의 차이는 종가의 지역성 또는
전통을 잘 보여준다. 특히 종가의 제사는 가족 및 문중이 참여하
여 조상을 추모하는 화목의 장소이자, 후손들에게 조상에 대한
효성과 공경의 마음을 가르치는 교육의 장소이기 때문에 그 종가
만의 전통이라 할 수 있다.

Ⅱ. 조선시대 표준 제사음식 :
　　『주자가례』와『국조오례의』진설도

　조선시대에는 주로『주자가례』에 근거하여 제사를 지내고, 이
에 맞게끔 제사음식을 준비했다.『주자가례』의 제사음식은 하늘
이 낳고 땅이 키운 천생지양지물(天生地養之物)로 정성껏 마련
한다. 여기 진설도에는 제찬(祭饌)으로 과(果) 6품(品), 소채(蔬
菜)·포해(脯醢) 각 3품, 육(肉)·어(魚)·면(麵)·미(米) 각 1반
(盤), 간적(肝炙) 1곳(串), 육적(肉炙) 2곳 등 총 22기로 규정되
어 있다.

『주자가례』진설도					
고위(考位)					
메(飯)	잔반(盞盤)	시접(匙楪)	초(醋)		갱(羹)
면식(麵食)	육(肉)	적간(炙肝)	어(魚)		미식(米食)
포해(脯醢)	소채(蔬菜)	포해(脯醢)	소채(蔬菜)	포해(脯醢)	소채(蔬菜)
과(果)	과(果)	과(果)	과(果)	과(果)	과(果)

　이종성(李宗城, 1692~1759)의『오천선생집(梧川先生集)』에
보면,『주자가례』에 준하여 각설(各設)대로 3대(8분)의 시제를
지내려면, 8~9칸 규모의 대청이 있어야 하고, 총 176기의 제기가
있어야 한다고 했다. 더구나 1년에 4번의 시제와 사시묘제, 그리
고 8분의 기제까지 지내면 총 1,936기의 제기가 소용되는데, 여
기에는 매달 초하루와 보름(朔望) 및 명절(俗節), 천신(薦新) 등
을 포함하지 않은 것이라 하며[1] 제사 그릇의 소용을 밝힌 바 있다.
　조선 초기에는『주자가례』를 근거로 하여 국가 전례인『국조

---

1)　『오천선생집(梧川先生集)』권15 가범(家範) 제(祭).

오례의』에 대부, 사, 서인의 제례 규정을 정하면서 진설을 관직의 고하에 따라 달리 정했다. 이러한 규정은 중앙관료를 중심으로 보급되었다. 조선중기 이현보(1467~1555)의 『농암선생문집(聾巖先生文集)』 제례나 이원익(1547~1634) 집안의 유서(遺書)에는 『국조오례의』에 보이는 제사상 차림이 보이며, 실제 이이(李珥, 1536~1584)의 『격몽요결』의 진설도도 이를 반영하여 정한 것이다.

『국조오례의』 진설도					
2품 이상			**6품 이상**		
고위(考位) 비위(妣位)			고위(考位) 비위(妣位)		
잔(盞) 잔(盞) 잔(盞) 잔(盞) 잔(盞) 잔(盞)			잔(盞) 잔(盞) 잔(盞) 잔(盞) 잔(盞) 잔(盞)		
메(飯) 갱(羹) 시저(匙筯) 메(飯) 갱(羹) 시저(匙筯)			메(飯) 갱(羹) 시저(匙筯) 메(飯) 갱(羹) 시저(匙筯)		
면(麵) 어(魚) 적간(炙肝) 육(肉) 병(餠)			면(麵) 어(魚) 적간(炙肝) 육(肉) 병(餠)		
채(菜) 해(醢) 채(菜) 포(脯) 채(菜)			과(果) 해(醢) 채(菜) 포(脯) 과(果)		
과(果) 과(果) 과(果) 과(果) 과(果)					
9품 이상			**서인(庶人)**		
고위(考位) 비위(妣位)			고위(考位) 비위(妣位)		
잔(盞) 잔(盞) 잔(盞) 잔(盞) 잔(盞) 잔(盞)			잔(盞) 잔(盞) 잔(盞) 잔(盞) 잔(盞) 잔(盞)		
메(飯) 갱(羹) 시저(匙筯) 메(飯) 갱(羹) 시저(匙筯)			메(飯) 갱(羹) 시저(匙筯) 메(飯) 갱(羹) 시저(匙筯)		
어(魚) 적간(炙肝) 육(肉)			적간(炙肝)		
채(菜) 과(果) 포해(脯醢)			채(菜) 과(果) 포해(脯醢)		

　　하지만 지방의 사대부들은 『국조오례의』보다는 주로 4대 봉사를 규정한 『주자가례』를 따르며, 이의 설명서인 『가례의절』을 참조하여 제사를 지내고, 또 제사음식을 준비하였다. 그러나 『주자가례』나 『가례의절』의 제사음식이 중국의 식생활 방식을 담고 있기 때문에 우리나라에 맞게 재해석하거나, 상황에 따라 조금씩 변용하여 우리나라에 맞게 제사음식을 준비하였다.

기제(忌祭)의 경우 『주자가례』에는 기일에 해당하는 조상에게 만 진설하는 단설(單設)이지만, 우리나라에서는 합설(合設)이 인 정(人情)에 따른 것이라고 하여, 『주자가례』와 달리 대부분 합설 로 기제를 지냈다. 이에 제사상도 『주자가례』처럼 각각 진설하는 각탁(各卓)으로 하기도 하지만, 『국조오례의』 및 『가례의절』에 따라 합설로 한 제사상을 차리되, 메(飯)와 갱(羹), 잔(盞)만 따로 차리는 공탁(共卓)으로 하였다. 이에 집안마다의 상황에 맞게 제 사상을 준비하면서 제사음식도 다르게 되었다.

Ⅲ. 제사 절차에 따른 종가의 제사 음식

제사 절차에 따른 제사음식을 『주자가례』와 『국조오례의』 및 종가의 사례를 중심으로 살펴보면 다음과 같다.

1. 진설(陳設)

제사 준비가 끝나 먼저 제사음식을 진설할 때, 제일 먼저 과일 을 1열에 놓는다. 과일은 조율리시(棗栗梨柿) 또는 조율시리(棗 栗柿梨) 순으로 서쪽에서부터 놓거나, '홍동백서(紅東白西)'라 하여 붉은 과일은 동쪽에, 흰 과일은 서쪽에 놓는다. 그러나 진설 도에는 구체적으로 어떤 과일을 순서대로 놓는지 기록되어 있지 않다.

과일은 지산(地産)이라 여겨 대체로 짝수로 놓는다. 보통 6품 으로 하는데, 형편에 따라 4품, 또는 2품으로 한다. 하지만 『국조 오례의』 및 『격몽요결』에는 홀수(보통 5품)로 되어 있다. 진설도 에는 과일(果)로만 기재되어 있을 뿐 구체적인 과일명은 기재하지 않았다. 다만 목과(木果)로서 먹을 수 있는 것만 놓는다고 하였다. 대체적으로 기본적인 과일로는 대추(棗), 밤(栗), 배(梨), 감(柿)을 놓는다. 이들 네 가지 과일은 우리나라에서 사시사철 구할 수 있으며, 대추와 밤은 종묘와 사직 등 국가제사에서 쓰이는 과일이다. 그래서 기본적인 과일로 상정한 것으로 보인다. 점필재(김종직) 종가에서는 대추를 가장 귀중하게 여겨 제일 먼저 진설을 하고, 철찬을 할 때에도 가장 먼저 하기도 한다.

그밖에 철에 따라 구할 수 있는 사과, 참외, 수박, 앵두, 복분자, 포도, 홍시, 석류 등의 시과(時果)를 놓는다. 서애(류성룡) 종가에서는 불천위 제사가 5월이라 앵두를 올린다. 과일 중에 복숭아는 속설(俗說)에 귀신을 쫓는다고 하여 진설하지 않으며, 주자도 복숭아는 6과(六果) 중에 최하품이라서 진설하지 않는다고 하였다.

이러한 실과(實果) 이외에 조과(造果)라 하여 약과(藥果), 다식(茶食), 산자(散子)를 놓기도 한다. 이것은 고전지물(膏煎之物)로 면식류(麵食類)에 해당하지만, 시속에 따라 소채(蔬菜), 과일과 더불어 1, 2열에 진설한다. 서애(류성룡) 종가에서는 진전(眞殿)이나 산릉(山陵) 제향에 올리는 중개[中朴桂]를 올린다. 이것은 서애가 좋아하는 것이고, 선조가 제사 때 특별히 제수로 올리라고 해서 제사상의 중앙에 진설한다고 전한다. 그밖에 정과(正果)라 하여 도라지 뿌리를 꿀에 절인 것이나, 수정과(水正果)를 놓기도 한다. 학봉(김성일) 종가에서는 특별히 불천위 제사상에 도라지 정과 위에 산마를 얹어 올린다. 그리고 고산(윤선도) 종가에서는 수정과는 물론 비자강정을 특별히 올리며, 또 하서(김인후) 종가에서는 해과(海果)라 하여 꼬막을 1열에 놓기도 한다.

소채(蔬菜)는 2열에 놓는다. '생동숙서(生東熟西)'라고 하여 생채는 동쪽에 숙채는 서쪽에 놓는다고 한다. 『주자가례』에는 소채라고 되어 있는데, 『격몽요결』에는 침채(沈菜, 김치), 숙채(熟菜, 나물)라고 구분하였고, 초(醋) 대신에 초채(醋菜)라고 하였다. 숙채(熟菜)는 미나리, 고사리, 배추 등이 사용되는데, 3색 또는 2색을 사용하며, 파, 마늘, 고추 등의 냄새 나는 양념은 넣지 않는다. 침채(沈菜)도 마찬가지여서, 주로 백김치를 사용한다.

포해(脯醢)는 소채(蔬菜)와 함께 2열에 놓는다. '좌포우해(左脯右醢)'라고 하여 포는 좌측에 해는 우측에 놓으며, '건좌습우(乾左濕右)'라고 하여 마른 것은 좌측, 젖은 것은 우측에 놓는다.

『주자가례』에는 포해(脯醢)라고 되어 있는데, 『사례편람』에는 포(脯)와 해(醢) 이외에 식해(食醢)로 구분하였다. 포는 육포, 건어, 건치(乾雉), 문어, 전복 등을 말하는데, 주로 서쪽에 놓는다. 퇴계(이황) 종가에서는 포를 중앙에 놓는다. 현재 포는 대구포, 명태포를 쓰며, 지역에 따라 상어포, 문어포, 전복포를 쓰기도 한다. 전라도 지역에서는 상어나 문어는 주로 포로 쓰는 반면에, 영남지역에서는 주로 적(炙)으로 쓴다. 이밖에 포 대신에 소금에 절여 말린 생선을 좌반(佐飯)으로 올려놓기도 한다. 우복(정경세) 종가에서는 포로 대구포를 쓰는데, 그 위에 육포, 홍합, 문어 다리를 올리고, 육포 위에 또 잣가루를 뿌린다.

해(醢)는 염해(塩醢)와 식해를 말하는데, 동쪽에 놓는다. 해(醢)는 원래 중국의 육장(肉醬)인데, 우리나라에서는 생선을 소금에 절인, 일종의 젓갈을 말한다. 우복(정경세) 종가에서는 식해로 조기를 사용하며, 학봉(김성일) 종가에서는 식해 밥알 위에 북어 조각을 올려놓는다. 하지만 대부분 젓갈 종류인 식해보다는 같은 발효식품이자 발음이 비슷한 식혜(食醯)를 주로 쓴다.

식초(醋)는 찬품(饌品)의 하나로 『주자가례』에는 4열에 시접의 좌측에 두었다. 그러나 우리나라에서는 초보다는 간장을 주식(主食)으로 여겼기 때문에 『격몽요결』에는 식초 대신에 초채(醋

菜)를 갱의 우측에 놓고, 대신에 청장(淸醬)을 2열 중앙에 두었다. 이에 우암 송시열(宋時烈, 1607~1689)은 "『주자가례』에서는 초를,『격몽요결』에서는 장을,『상례비요』에서는 둘 다 썼다.『격몽요결』,『상례비요』 등에 초를 쓴 것은 당시의 풍속을 따른 것이니, 장과 중복의 혐의가 있다면 초를 장에 넣어 1기로 쓰는 것도 괜찮다."고 하였다.『사례편람』에는『상례비요』를 따라 청장과 초접을 놓았는데, 청장은 채소 옆에, 초는 어회(魚膾)와 육회(肉膾)를 놓았을 때 놓는다고 하였다. 허훈(許薰, 1836~1907)의 『방산선생문집(舫山先生文集)』의 진설도에도 2열에 청장 대신에 소금과 식초를 놓았는데, 이 때 식초는 장에 식초를 섞은 것이라 하였다.[2]

2. 진찬(進饌)

진설이 끝나면 신주를 모시는 출주(出主)를 하고, 이어 참신(參神) 및 강신(降神)을 행한 후에 진찬을 한다. 이 때 어육(魚肉)은 3열에 놓는다. '어동육서(魚東肉西)'라고 하여 생선은 동쪽에, 고기는 서쪽에 놓는다. 고기[肉]은 서북쪽(육지)에서 나기 때문에 오른편(서쪽)에 놓고, 생선[魚]는 동남쪽(바다)에서 나기 때문에 왼편(서쪽)에 놓는다고 한다. 한편 '두동미서(頭東尾西)'라고 하여 생선의 머리는 동쪽(우측), 꼬리는 서쪽(좌측)에 놓는데, 배를 신위 쪽으로 향하게 놓는다. 귀신에게 배를 보이게 하는 것은 배에 기가 모이기 때문이고, 산 사람에게 지느러미[鰭] 부분을 보이게 하는 것은 그 부분이 맛있기 때문이라고 한다.

그런데 어육을 날 것으로 할 것인지, 아니면 익힌 것으로 할

2) 『방산선생문집(舫山先生文集)』권12, 잡저, 제찬진설도(祭饌陳設圖).

것인지가 불분명하였다. 생선의 경우는 생물로 올리거나, 탕(湯) 또는 전(煎)으로 올리며, 육회의 경우는 간납(肝納), 천엽(千葉) 등을 올리기도 한다. 이 때 생물로 어육을 올린 경우 식초를 같이 놓는다. 전라도 지역의 경우 산낙지와 육회를 올리기도 하고, 해산물의 일종으로 꼬막을 올리기도 한다. 어육에서 개와 잉어는 제사에 사용하지 않는다고 한다. 개는 중국에서 희생(犧牲)으로 사용하였으나, 우리나라에서는 집에서 기르는 것이라 사람의 식성과 같다고 하여 제사음식으로 사용하지 않는다. 또한 잉어는 공자 아들의 이름이 '리(鯉)'이고, 당나라 황제의 성이 '이(李)' 씨로 소리가 비슷하기 때문에 휘(諱)하여 사용하지 않는다고 한다.

어육과 함께 올리는 탕(湯)의 경우, 『격몽요결』에 나오는 제사 음식으로, 『주자가례』에는 없는 것이다. 탕은 『국조오례의』에 진전(眞殿)이나 산릉(山陵) 제사 등 왕실에서 사용하는 것이었으나, 『격몽요결』에 탕을 제사음식으로 포함시켜서 3열에 두었기 때문에 현재까지 주요 제사음식으로 쓰고 있다. 그래서 탕을 사용하는 경우 제사상에서 탕은 3열, 어육은 4열에 놓이게 된다. 율곡(이이) 종가에서는 『격몽요결』의 진설도와 같이 현재도 그대로 진설을 한다.

『격몽요결』 진설도									
고위(考位)					비위(妣位)				
시접(匙楪)	메(飯)	잔반(盞盤)		갱(羹)	시접(匙楪)	메(飯)	잔반(盞盤)	갱(羹)	초채(醋菜)
면(麵)	육(肉)	적(炙)	어(魚)	초채(醋菜)	면(麵)	육(肉)	적(炙)	어(魚)	병(餠)
탕(湯)	탕(湯)	탕(湯)	탕(湯)	탕(湯)	탕(湯)	탕(湯)	탕(湯)	탕(湯)	탕(湯)
좌반(佐飯)	숙채(熟菜)	청장(淸醬)	해(醢)	침채(沈菜)	포(脯)	숙채(熟菜)	청장(淸醬)	해(醢)	침채(沈菜)
과(果)	과(果)	과(果)	과(果)	과(果)	과(果)	과(果)	과(果)	과(果)	과(果)

미식(米食)과 면식(麵食)은 어육과 같이 3열에 놓는다. 미식

은 쌀로 만든 떡으로 동쪽에 놓는다. 인절미 내지는 시루떡을 7첩 또는 5첩으로 놓는데, 지나치게 괴는 것[高排]을 금하고 있다. 그러나 11첩 내지는 최고 21첩 등 높이 쌓아올리는 것으로 제사의 규모나 정성을 표시하기도 한다. 대부분 본편은 시루떡으로 하는데, 충재종가의 경우에는 동곳떡이라 하여 본편으로 잔절편을 25켜로 쌓고 그 위에 청절편 등을 웃기로 쌓아 올리기도 하며, 전라도 지역에서는 주로 절편(인절미)으로 떡을 쌓아올리기도 한다. 떡을 올리면 그 위나 옆에 편청을 함께 놓는다.

웃기	조약	1켜
전	2켜	
깨구리	2켜	
잡과편	2켜	
송편	2켜	
증편	3켜	
본편	쑥시루떡	9켜
우복종가(상주)		

웃기	깨구리	1켜
조약	1켜	
국화전	1켜	
잡과편	1켜	
부편	1켜	
송기송편	1켜	
쑥경단	1켜	
본편	쑥편	1켜
맞편	1켜	
본편	12켜	
학봉종가(안동)		

웃기	깨구리	1켜
주악	1켜	
산심	1켜	
전	1켜	
잡과편	1켜	
경단	1켜	
송기송편	1켜	
밀비지	1켜	
청절편	1켜	
본편	본절편	25켜
충재종가(봉화)		

면식은 밀가루로 만든 음식으로, 대표적인 것이 만두이다. 기제에는 쓰는 사례가 보이지 않지만, 설차례에 떡만둣국을 올리기도 한다. 우리나라에서는 주로 기제에 국수[濕麵]를 많이 쓰며, 떡과 짝하여 서쪽에 놓는다.

메와 갱은 4열에 '갱동반서(羹東飯西)'라고 하여 생시와 반대로 밥은 서쪽에, 국은 동쪽에 놓는다. 국을 기준으로 하여 우설(右設：象生, 飯左羹右)과 좌설(左設：神事, 飯右羹左)로 구분하지만, 메에 숟가락을 꽂는 삽시(揷匙)에 생시와 같이 숟가락을 동쪽을 향하게 꽂는 것은 오랜 습속에 따른 것이라 하였다. 하지만 생시 때 밥을 먹는 것처럼 숟가락을 북쪽을 향하게 꽂기도 한다.

한편 탕에 어육을 쓰면 갱에는 채소만을 쓰는데, 주로 콩나물국. 무국, 미역국 등으로 한다. 반면에 탕에 어육을 쓰지 않지 않으면 갱에는 고기만을 사용하기도 한다.

3. 헌작(獻爵)

진찬이 끝나면 세 번의 헌작을 하는데, 이 때 제주는 청주(淸酒)를 사용한다. 그러나 소주(燒酒)도 쓴다. 소주는 원(元)나라 때 나온 것이지만, 우리나라에서는 문소전(文昭殿)에서 여름에 소주를 사용하였고, 상중(喪中) 조석전(朝夕奠)에는 여름에 청주의 맛이 변하기 때문에 소주를 사용하는 것이 좋다고 하였다. 그리고 만약 조상이 생전에 술을 못 마셨다면 단술[醴]로 대신하기도 하였다.

술을 올린 이후에는 안주의 의미로 구이 적(炙)을 올린다. 적은 『주자가례』에 초헌에 간적(肝炙), 아헌과 종헌에 육적(肉炙)을 쓰는데, 3열 중앙에 놓는다. 중국에서는 술을 마실 때 적을 먹는 것처럼, 제사에도 생시와 같이 술을 올린 이후에 적을 올리는 것이다. 이에 적을 먹는 것처럼 적위에 소금을 올리거나, 적의 우측에 소금을 놓기도 한다. 영광 영월신씨 종가나 장흥 수원백씨 정해군 별묘 제사에는 『주자가례』처럼 생물의 적을 준비해 두었다가 헌작마다 화로에 구워 올린다. 하지만 대부분 생물로 그대로 올리거나, 미리 구워서 올린다. 보통 간적 1곶(초헌), 육적 2곶(아헌, 종헌)을 올리는데, 우리나라에서는 간적 대신에 보통 육적(소고기), 어적(숭어), 계적(닭, 꿩)을 헌작마다 올리기도 하며, 수원백씨 종가처럼 구이 적을 뜻하듯 고기마다 대나무 꼬챙이를 끼워 올리기도 한다. 아니면 우복(정경세) 종가처럼 어적이라 하

여 북어, 고등어, 문어 등을 쌓아 올리기도 하며, 학봉(김성일) 종
가처럼 진찬에 물고기, 소고기, 닭고기 순으로 쌓아올린 도적(都
炙; 羽毛鱗)을 올리기도 한다. 이 때 물고기로는 고등어, 방어,
상어, 조기 등을 쓴다.

문어		
오징어		
고등어		
서래		
전유어		
명태전		
산적	서래	
북어	돼지수육	닭 2마리
어적	육적	계적
우복종가(상주)		

닭
소고기
조기
상어
방어
고등어
북어
도적
학봉종가(안동)

4. 진다(進茶)

　삼헌(三獻)이 끝난 후에 식사를 권유하는 유식(侑食) 절차로,
술을 더 올리는 첨작을 하며, 이어 식사를 하시는 것처럼 메에 숟
가락을 꽂고 젓가락을 시접이나 적 등에 올려놓기도 한다. 이어
서 식사를 하시도록 기다리는 합문(闔門)을 행한 후에는 식사를
마친 것으로 여겨 갱을 내리고 차(茶)를 올리는 진다(進茶)를 행
한다. 중국에서 식사 후에 차를 마시는 것처럼 차를 올리지만, 우
리나라에서는 차를 잘 마시지 않았기 때문에 차 대신에 냉수를
올리거나, 실제 숭늉을 올리기도 하며, 숭늉(熟水)과 같은 의미로
숟가락으로 밥을 세 번 퍼서 물에 말기도 한다. 이 절차가 끝나면
사신 재배를 하는 것으로 제사 절차를 마친다.

Ⅳ. 종가의 제사음식 문화 : 음복과 봉송

종가의 제사음식은 후손들이 모두 모여 함께 준비를 한다. 나물과 탕, 메와 갱, 국수와 떡 등은 여성 후손들이 부엌과 대청에서 준비하지만, 과일이나 도적 등을 괼 때에는 주로 남성 후손들이 대청에서 준비한다. 그리고 제삿날에도 당일 집사들이 1열과 2열의 제사음식을 진설하지만, 진찬의 경우는 주인과 주부가 직접 진설하는데, 이것은 제사상의 주식을 중요하게 여기기 때문이다. 하지만 현재는 대부분 집사들이 진설 및 진찬을 한다.

제사가 모두 끝나면 제사상에 진설된 음식을 먹는 음복(飮福)을 한다. 사시제와 같은 큰 제사의 경우 삼헌을 마친 후에 종손이 대표로 음복과 수조를 하는 음복례[飮福受胙禮]를 하고, 제사음식을 먹는 준(餕) 내용이 있다. 하지만 『주자가례』 기제에는 음복례와 준(餕)의 내용이 없다. 그것은 기제가 상(喪)의 연속으로 슬픈 날이기 때문에 기일에 해당하는 신위만을 모시는 단설로 제사를 지내서 준(餕)을 생략한 것이다.

그러나 우리나라에서는 관행적으로 제사가 모두 끝난 이후에 함께 모여 제사음식을 먹었고, 이를 음복이라 하였다. 즉 제사음식을 조상이 주신 복된 음식이라 여겨 복된 음식을 마시고 먹는 것이라 하여 음복이라 한 것이다. 특히 우리나라에서는 제사를 길례(吉禮)라고 하여 잔치로 여겼고, 이에 『주자가례』의 기제와 달리 관행적으로 배위까지 모시는 합설로 제사를 지냈고, 또 제사가 끝난 후에는 제사에 참여한 사람이 모두 제사음식을 먹는 음복을 하였다.

제사가 끝나면 음복으로 간단하게 술과 안주를 담은 음복상이 나온다. 이때 초헌관 등 헌관, 축 등의 제관과 집사, 그리고 제사에 참여한 사람들이 모두 음복상을 받는데, 제일 먼저 초헌관

인 종손이 음복상의 술을 들며, 차례로 술과 안주를 먹는다. 그리
고 이어서 식사를 하는데, 이 때 제사 음식으로 만든 비빔밥을 먹
는다. 최영년(崔永年)의 『해동죽지(海東竹枝)』(1925년)에 "우리
나라에서는 제사를 지낸 나머지 음식으로 비빔밥을 만들어 먹는
풍습이 있다."고 하였고, 대구에서는 이것을 '헛제사밥'이라 하여
음식점에서 만들어 팔고 있다고 하였다. 식사가 끝나면 제사에
참여한 사람 및 참여하지 못한 어르신 등을 고려하여 고기, 떡,
과일 등의 제사음식을 똑 같이 나누어보내는 봉송, 봉게를 하였
다. 그리고 날이 밝으면 마을 사람들을 초대하여 다시 식사를 하
는 등 마을 잔치로 이어지기도 하였다.